그림일기로 배우는

글쓴이 **이선희**

EBS 교육방송에서 호랑이 샘으로 초등학생들에게 많은 사랑을 받는 선생님이에요. 서울교육대학교와 연세대학교 교육대학원을 졸업하고, 초등학교와 EBS 프로그램에서 초등학생들의 학습을 책임지고 있지요. 학생들과 즐겁게 만나고 함께 성장하기 위해 노력을 아끼지 않고 있답니다. 지은 책으로는 《그림일기로 배우는 초등 생활 어휘》, 《호랑이 샘이랑 미리 1학년》, 《궁금해요 코로나19》, 《국어 공부의 달인》 등이 있습니다.

그린이 **토리아트**

상상하는 모든 것을 그리고 디자인하는 푸른 꿈이 있는 곳, 무한한 상상력을 갖고 색다른 기획과 그림, 디자인으로 수준 높은 창작물을 만들려는 회사입니다. 그림을 그린 책으로 《읽을수록 빠져드는 수학으로 배우는 세계사》, 《읽을수록 빠져드는 과학으로 배우는 세계사》, 《초등 숙제 왕! 명절·기념일편: 오늘로 말할 것 같으면!》, 《초등 숙제 왕! 인물편: 나로 말할 것 같으면!》, 《알찬 생활 상식》, 《알찬 과학 상식》, 《알찬 경제 상식》, 《꼬레아 타임스》, 《도티&잠뜰 탐정 프렌즈》 시리즈 등이 있습니다.

그림일기로 배우는 초등 한자 어휘

1판 1쇄 인쇄 2025년 2월 3일
1판 1쇄 발행 2025년 2월 13일

글쓴이 이선희 **그린이** 토리아트
발행인 오영진 김진갑 **발행처** 제제의숲 **기획편집** 이희자
디자인 김현주 안윤민 강재준 **마케팅** 박시현 박준서 김승겸 김수연 박가영
출판등록 2013년 1월 25일 제2013-000028호
주소 서울시 마포구 월드컵북로5가길 12 서교빌딩 2층
원고 투고 및 독자 문의 midnightbookstore@naver.com
전화 02-332-7706 **팩스** 02-332-7741
블로그 blog.naver.com/midnightbookstore
페이스북 www.facebook.com/tornadobook

ISBN 979-11-5873-323-0 (73700)

제제의숲은 ㈜심야책방의 자회사입니다.

이 책은 저작권법에 따라 보호를 받는 저작물이므로 무단전재와 무단복제를 금하며,
이 책 내용의 전부 또는 일부를 사용하려면 반드시 저작권자와 제제의숲의 서면 동의를 받아야 합니다.

잘못되거나 파손된 책은 구입하신 서점에서 교환해 드립니다.
맞춤법과 띄어쓰기는 국립국어원의 기준에 따랐습니다.
책 모서리가 날카로워 다칠 수 있으니 사람을 향해 던지거나 떨어뜨리지 마십시오.
종이에 베이지 않게 주의하세요. 책값은 뒤표지에 있습니다.

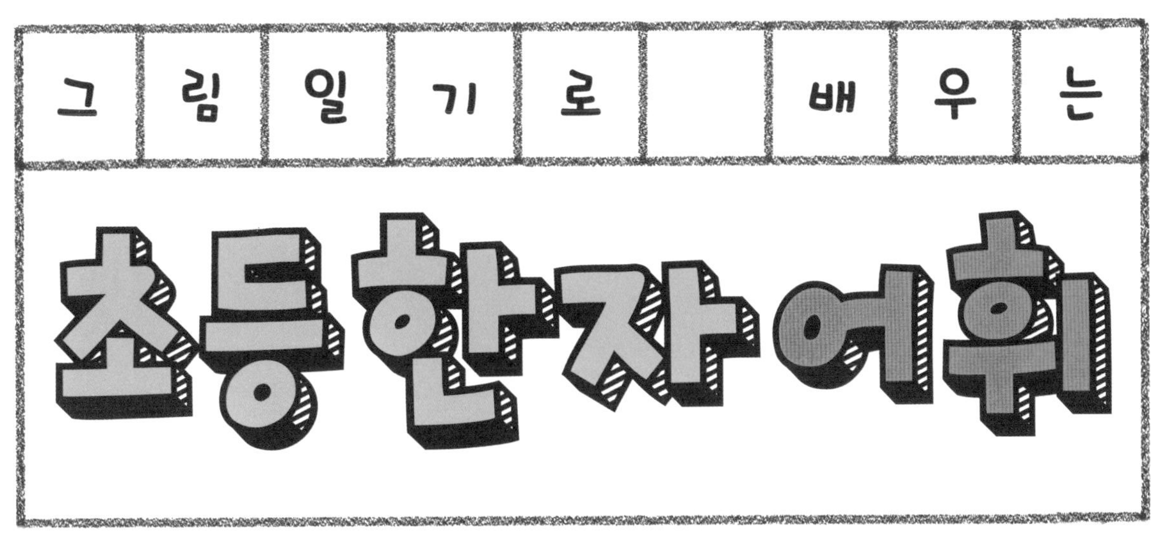

글 **이선희**(EBS 호랑이 선생님)
그림 **토리아트**

제제의숲

글쓴이의 말

일상생활에서 사용하는 어휘 중 많은 부분이 한자어로 이루어져 있습니다. 한자를 따로 배우지 않더라도 이미 한자어는 사용하고 있는 것이지요. 따라서 한자 공부에 접근하는 것이 어렵지만은 않은 일입니다.

한자 공부에 접근할 때에 낱자에만 얽매어 뜻과 음을 알려 주는 것에 집중하기보다는, 낱말이나 문장 속에서 익숙하게 만드는 것이 좋습니다. 그림일기는 학생들이 한자어와 친해지는 데에 더할 나위 없이 좋은 도구가 되겠지요. 책 속 일기에 담긴 이야기는 나의 이야기도 되기 때문에 생활과 한자어를 연결하여 생각하게 됩니다.

한자는 뜻을 표현하는 문자이기도 합니다. 한자의 뜻을 이해하는 데 그림은 좋은 학습 방법이 되고요. 책에서는 한자어의 뜻과 연관된 그림을 함께 제시하였기 때문에, 한자어의 뜻을 좀 더 쉽게 기억할 수 있습니다.

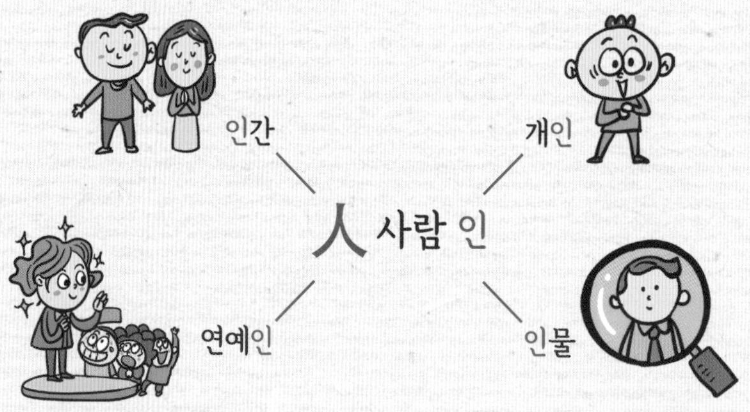

한자어도 우리말입니다. 한자를 알면 낱말의 정확한 뜻을 아는 데 도움이 됩니다. 소리는 같은데 왜 뜻이 다른지를 이해하게 됩니다. 처음 보는 낱말도 어느 정도 그 뜻을 유추하는 데 큰 도움이 됩니다. 어휘력과 문해력을 다지는 데 한자어 공부는 더할 나위 없이 좋은 방법입니다.

호랑이 선생님, 이선희

차례

2000년 3월 15일 □요일	날씨 : 맑음

	내	가		가	장		좋	아	하	는	
계	절	은		봄	이	다	.	왜	냐	하	면
내		생	일	이		있	어	서	다	.	가
지	고		싶	은		선	물	은		쌩	쌩
달	리	는		자	전	거	다	.			

생일 生날 생 日날 일

• **뜻** 세상에 태어난 날. 또는 태어난 날을 기념하는 해마다의 그날.

(예) 생일 잔치를 열었다.

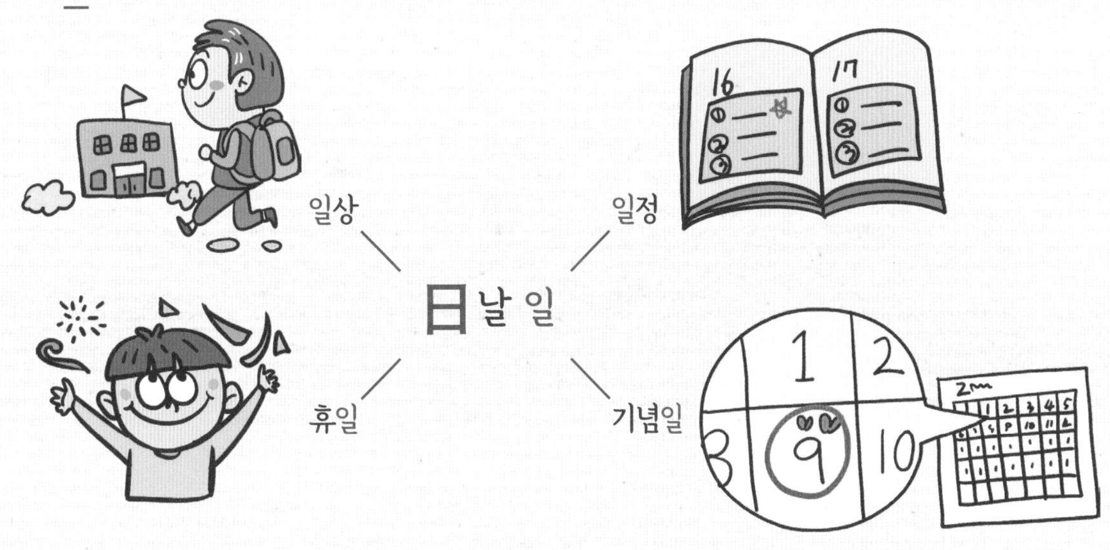

자전거 自스스로 자 轉구를 전 車수레 차/수레 거

• **뜻** 사람이 타고 앉아 두 다리로 바퀴를 돌려서 움직이게 하는 탈것.

(예) 자전거 한 대를 새로 샀다.

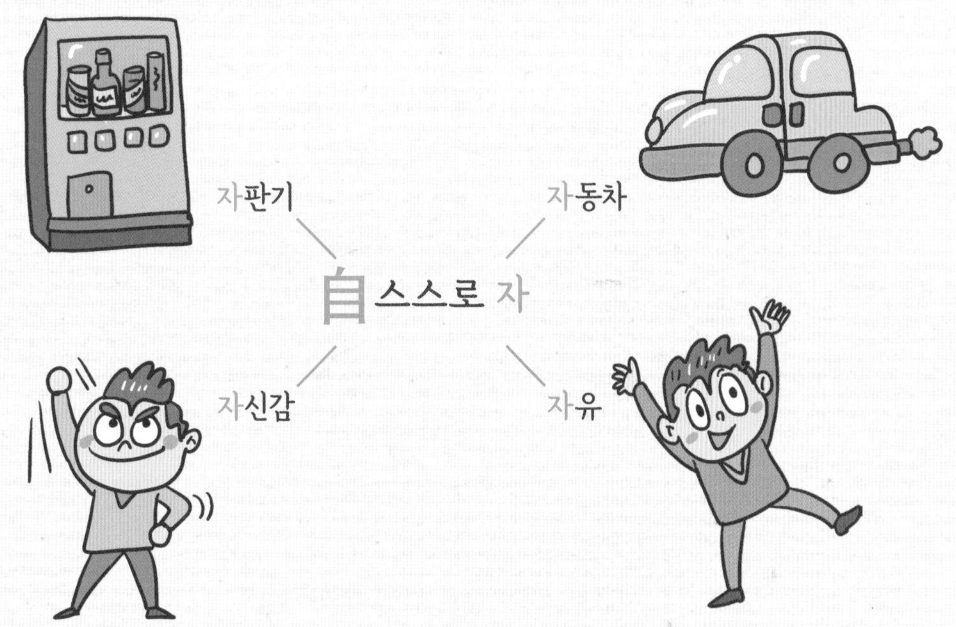

2○○○년 3월 17일 □요일	날씨 : 청명✡

	한	입		가	득		딸	기	를		넣
고		우	유	를		마	시	니	까		입
에		딸	기	우	유	가		만	들	어	졌
다	.	입	안	에	서		간	식	이		만
들	어	지	니	까		재	미	있	다	.	

✡ **청명(淸 맑을 청, 明 밝을 명)** 날씨가 맑게 갬. 비가 멎고 날씨가 맑게 개어 환함.

우유 牛소 우 乳젖 유

• **뜻** 소의 젖. 흰색으로, 살균하여 음료로 마시며 아이스크림, 버터, 치즈 따위의 원료로도 쓴다.

(예) 우유 한 잔 주세요.

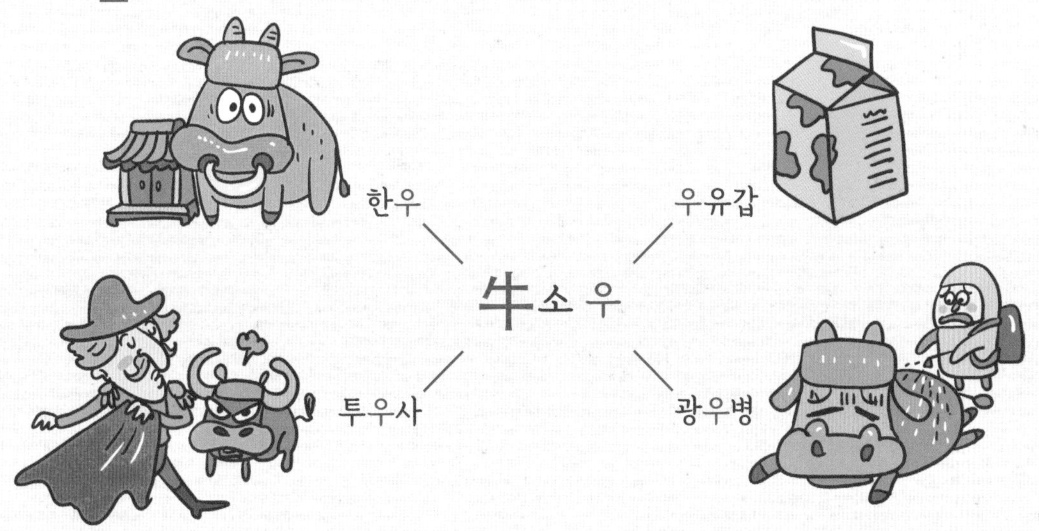

간식 間사이 간 食밥 식/먹을 식

• **뜻** 끼니와 끼니 사이에 음식을 먹음. 또는 그 음식.

(예) 오늘 간식은 뭐지?

20○○년 3월 25일 □요일	날씨 : 맑음

	놀	이	공	원	에		갔	다	.	입	구
부	터		사	람	이		많	았	다	.	회
전		그	네	,	롤	러	코	스	터	를	
타	고		동	물	들	도		보	았	다	.
미	어	캣	이		귀	여	웠	다	.		

공원 公공평할 공 園동산 원

• **뜻** 국가나 지방 공공 단체가 공중의 보건·휴양·놀이 따위를 위하여 마련한 정원, 유원지, 동산 등의 사회 시설.

(예) 공원에서 노는 사람들.

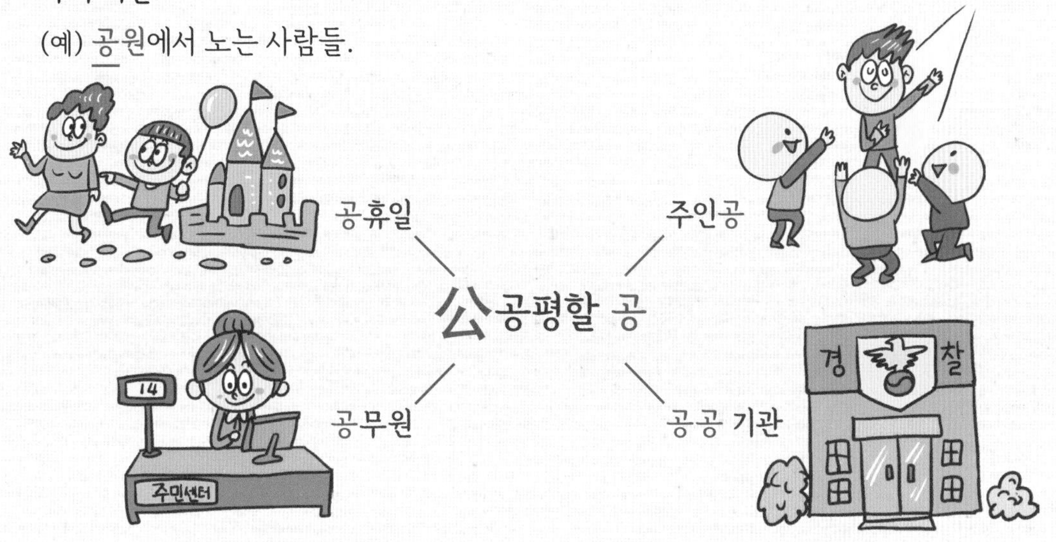

입구 入들 입 口입 구

• **뜻** 들어가는 통로.

(예) 지하철 입구에서 만나자.

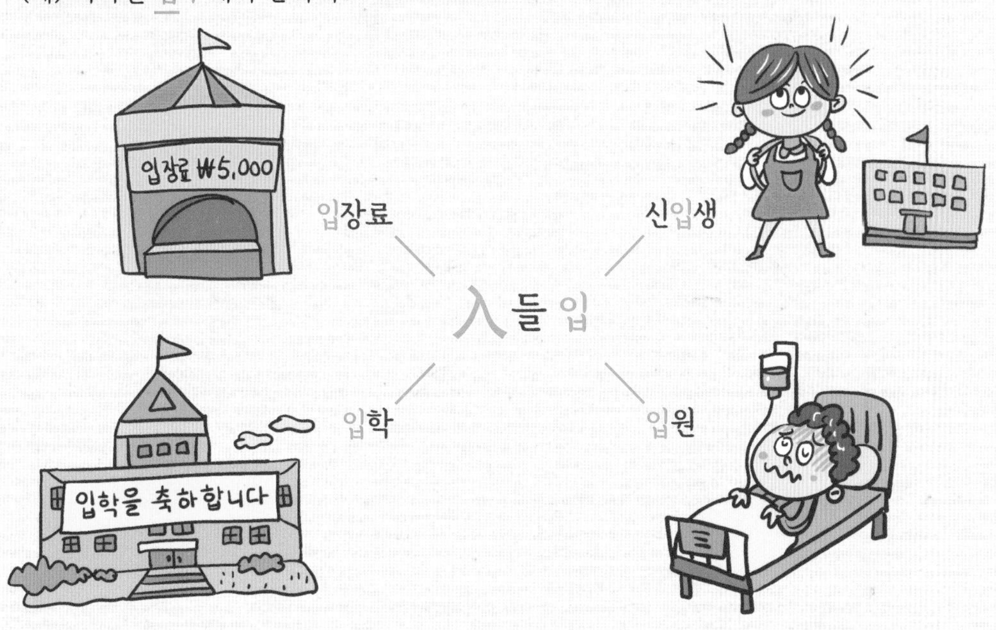

2○○○년 4월 1일 □요일	날씨 : 강우✡

	선	생	님	이		물	을		마	시	라
고		하	셨	다	.	나	는		화	장	실
에		가	는		게		싫	어	서		안
마	신	다	고		했	다	.	난		물	이
오	줌	이		되	는		것	을		안	다.

✡ **강우(降 내릴 강, 雨 비 우)** 비가 내림. 또는 그 비.

선생님 先 먼저 선 生 날 생

• **뜻** 학생을 가르치는 사람인 '선생'을 높여 이르는 말.

(예) 우리 담임 선생님.

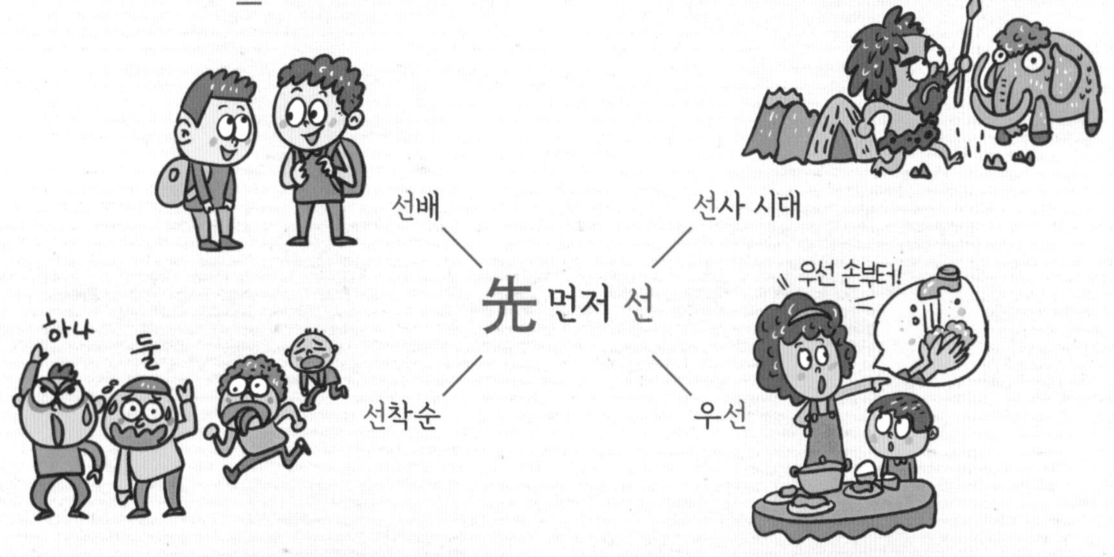

화장실 化 될 화 粧 단장할 장 室 집 실

• **뜻** 대소변을 보도록 만들어 놓은 '변소'를 달리 이르는 말.

(예) 화장실에 다녀오겠습니다.

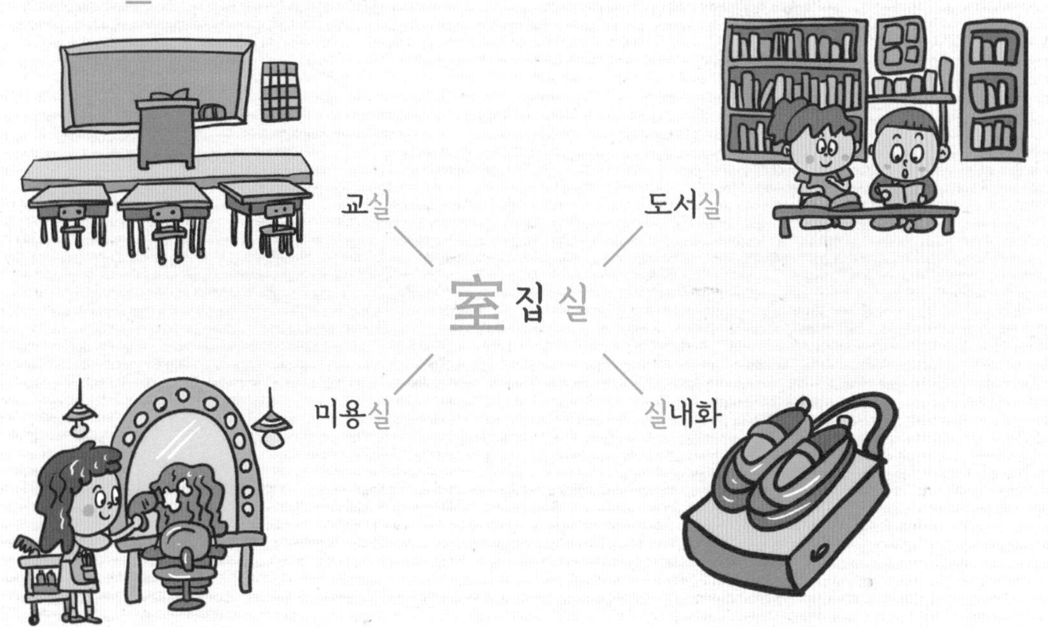

20○○년 4월 3일 □요일	날씨 : 흐림

	아	빠	는		내	가		최	고	의	
선	물	이	라	고		하	셨	다	.	누	가
준		거	냐	고		물	으	니		“	엄
마	가		준		거	야	.”	라	고		해
서		얼	마	냐	고		또		물	었	다.

최고　最가장 최 高높을 고

• **뜻**　① 가장 높음.　(예) 세계에서 최고로 높은 산.

② 으뜸인 것. 또는 으뜸이 될 만한 것.　(예) 우리나라 최고 요리사.

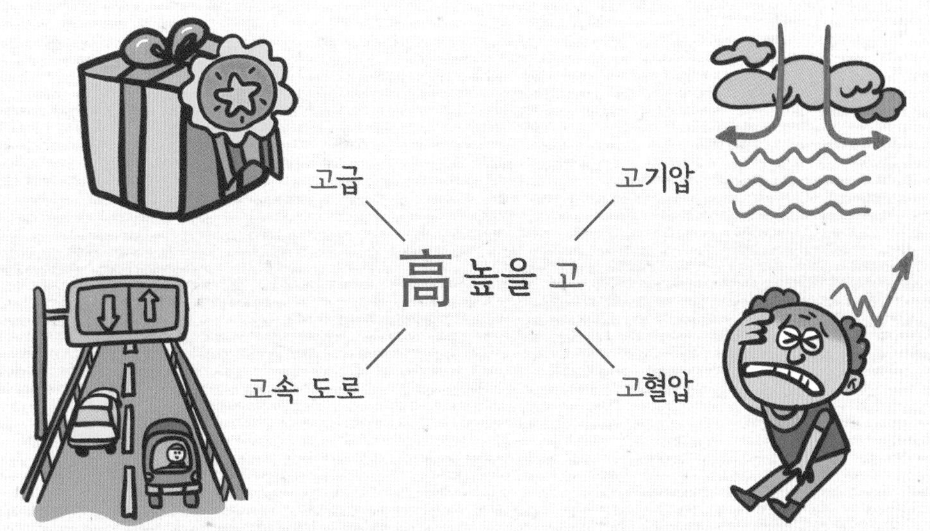

선물　膳선물 선 物물건 물

• **뜻**　남에게 어떤 물건 따위를 선사함. 또는 그 물건.

(예) 장난감을 선물로 받았다.

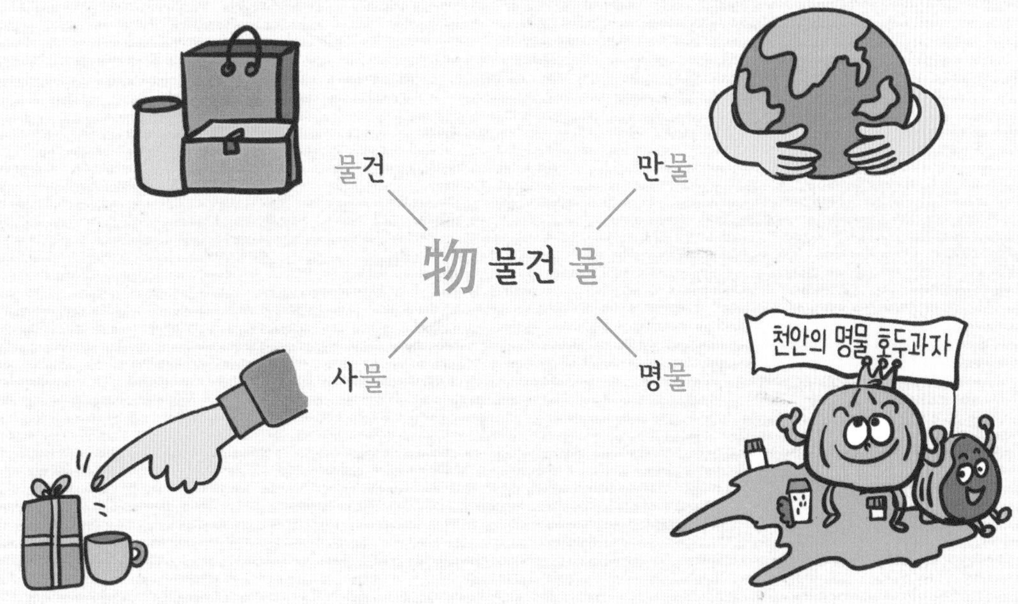

2○○○년 4월 12일 □요일	날씨 : 온난✡

	누	나	가		아	동		복	지		센
터	에		봉	사	하	러		가	는		날
이	다	.	누	나	는		영	어	를		가
르	쳤	고	,	나	는		복	사	를		했
다	.	그	래	서		바	빴	다	.		

✡ **온난**(溫 따뜻할 **온**, 暖 따뜻할 **난**) 날씨가 따뜻함.

아동 兒아이 아 童아이 동

• **뜻** 나이가 적은 아이. 대개 유치원에 다니는 나이로부터 사춘기 전의 아이를 이른다.

(예) 아동을 위한 병원.

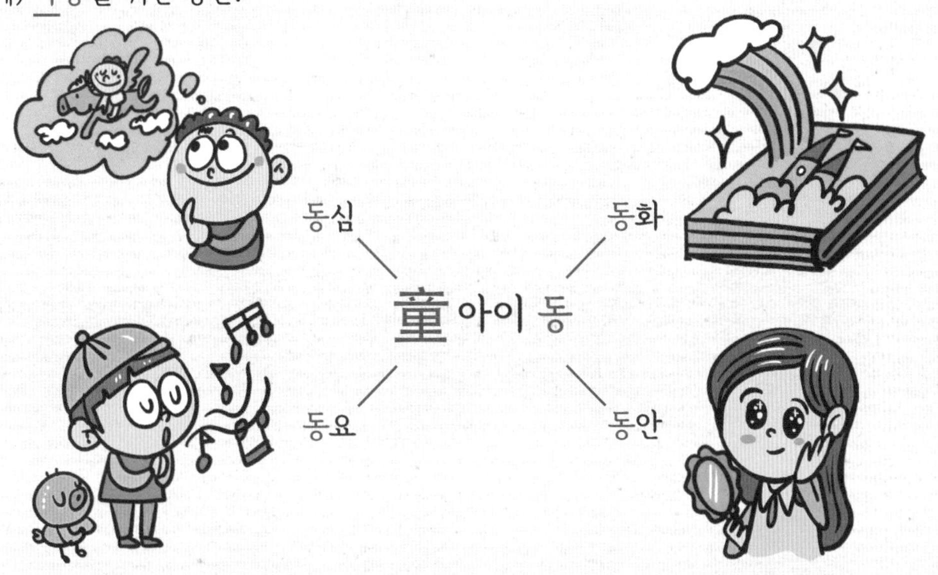

복지 福복 복 祉복 지

• **뜻** 행복한 삶.

(예) 사람들의 복지를 위한 노력.

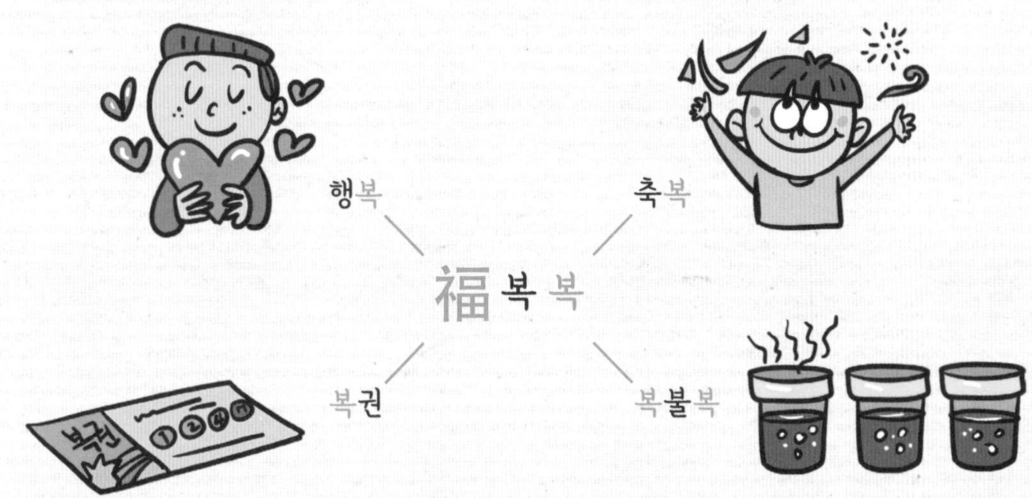

2000년 4월 17일 □요일	날씨 : 맑음

	시	장	에	서		엄	마	가		생	선
값	을		“	깎	아		주	세	요	.”	라
고		말	했	다	.	주	인	아	저	씨	는
10	00	원	을		깎	아		주	시	며	
내		용	돈	이	라	고		하	셨	다	.

시장 市 시장 시 場 마당 장

• **뜻** 여러 가지 상품을 사고파는 일정한 장소.

(예) 시장에서 반찬거리를 샀다.

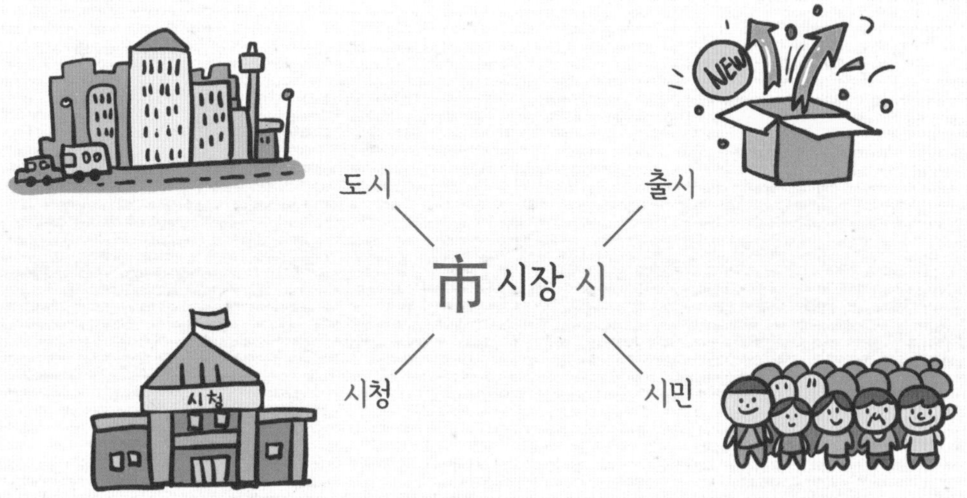

생선 生 날 생 鮮 고울 선

• **뜻** 먹기 위해 잡은 신선한 물고기.

(예) 생선 두 마리만 주세요.

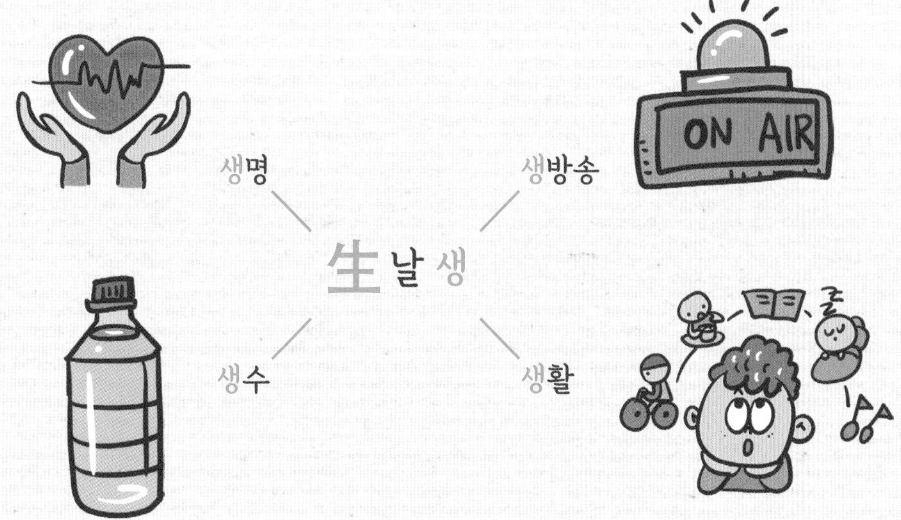

2000년 4월 23일 □요일	날씨 : 황사✡

	우	리		아	빠	는		매	일		운
동	을		해	도		뱃	살	이		안	
빠	져		걱	정	하	신	다	.	그	렇	지
만		난		아	빠		배	가		푹	신
푹	신	해	서		아	주		좋	다	.	

✡ **황사(黃 누를 황, 沙/砂 모래 사)** '누런 모래'를 뜻하는 말로, 중국 대륙의 사막이나 황토 지대의 가는 모래가 강한 바람에 실려 오는데, 봄·초여름에 우리나라까지 날아온다.

매일 每 매양 매 日 날 일

• **뜻** 하루하루마다.

(예) 매일 우유를 마셨다.

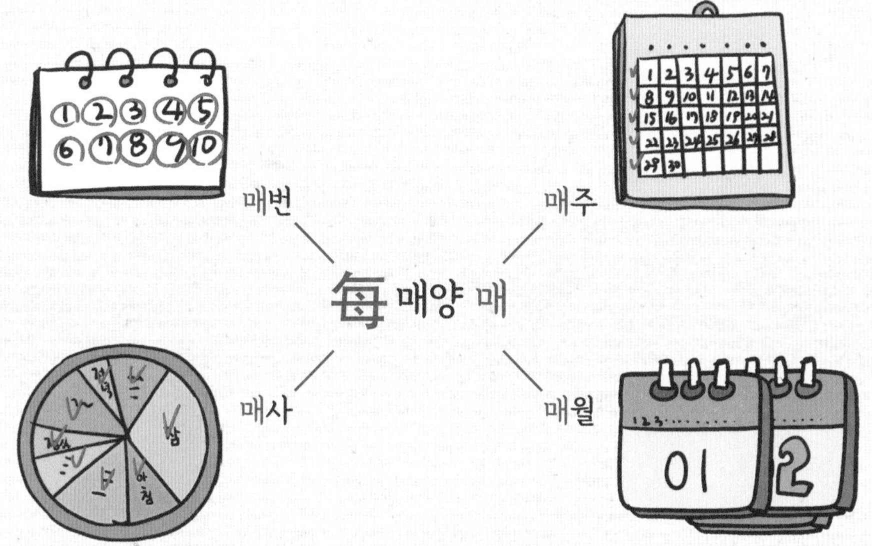

운동 運 옮길 운 動 움직일 동

• **뜻** 사람이 몸을 단련하거나 건강을 위하여 몸을 움직이는 일.

(예) 적당한 운동은 건강에 좋다.

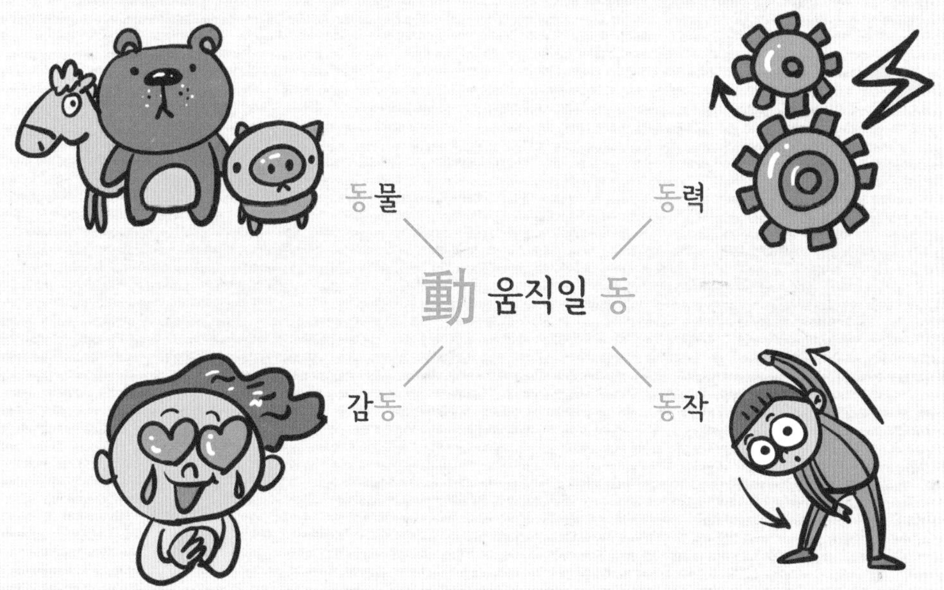

2000년 4월 29일 □요일	날씨 : 비

	동	하	가		인	삼	을		먹	어	
봤	다	고		했	다	.	선	생	님	이	
쓴		것	을		어	떻	게		먹	었	냐
고		물	어	보	셨	다	.	나	는		가
루	약	도		먹	을		수		있	는	데.

인삼 人사람 인 蔘삼 삼

• **뜻** 두릅나뭇과의 여러해살이풀. 뿌리는 약으로 귀중히 여겨진다.

(예) 인삼을 달여 먹었다.

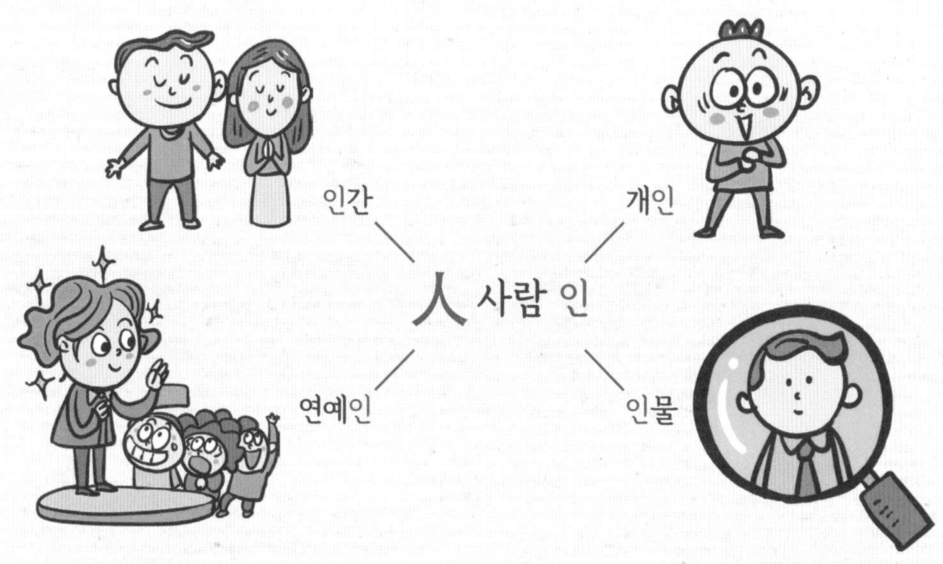

가루약 藥약 약

• **뜻** 가루로 된 약.

(예) 입속으로 가루약을 털어 넣었다.

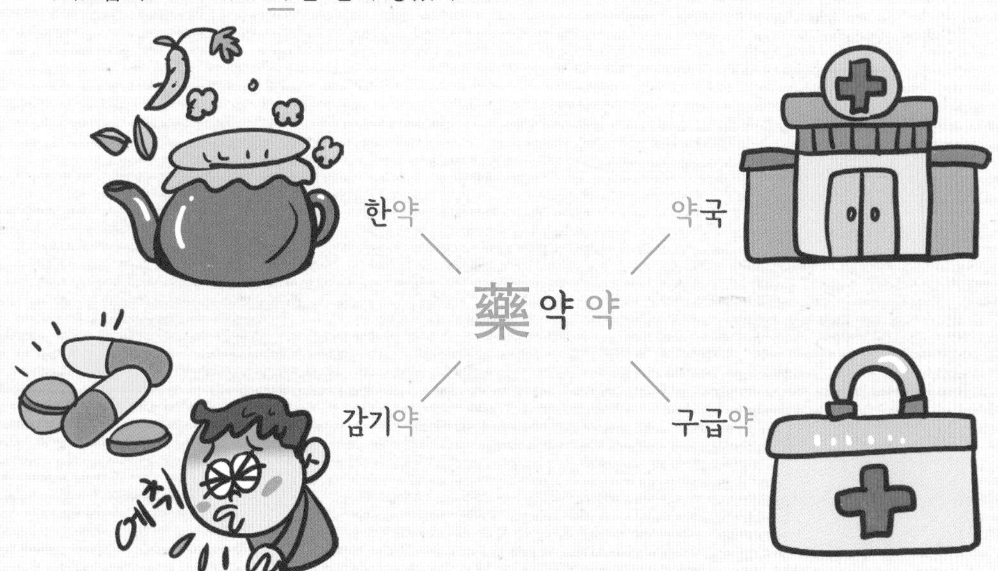

2000년 5월 3일 □요일	날씨 : 세풍✡

	나	는		모	음	자		ㅠ	를		빠
르	게		많	이		쓸		수		있	다.
가	로	로		선	을		쭈	욱		긋	고
세	로	로		선	을		짧	고		빠	르
게		쓰	면		된	다	.				

✡ **세풍(細** 가늘 **세, 風** 바람 **풍)** 약하게 부는 바람.

모음자 母어머니 모 音소리 음 字글자 자

• **뜻** 모음을 나타내는 자모나 글자.

(예) 모음자에는 'ㅏ, ㅑ, ㅓ, ㅕ, ㅗ, ㅛ, ㅜ, ㅠ, ㅡ, ㅣ'가 있다.

선 線줄 선

• **뜻** 그어 놓은 금이나 줄.

(예) 선이 똑바르다.

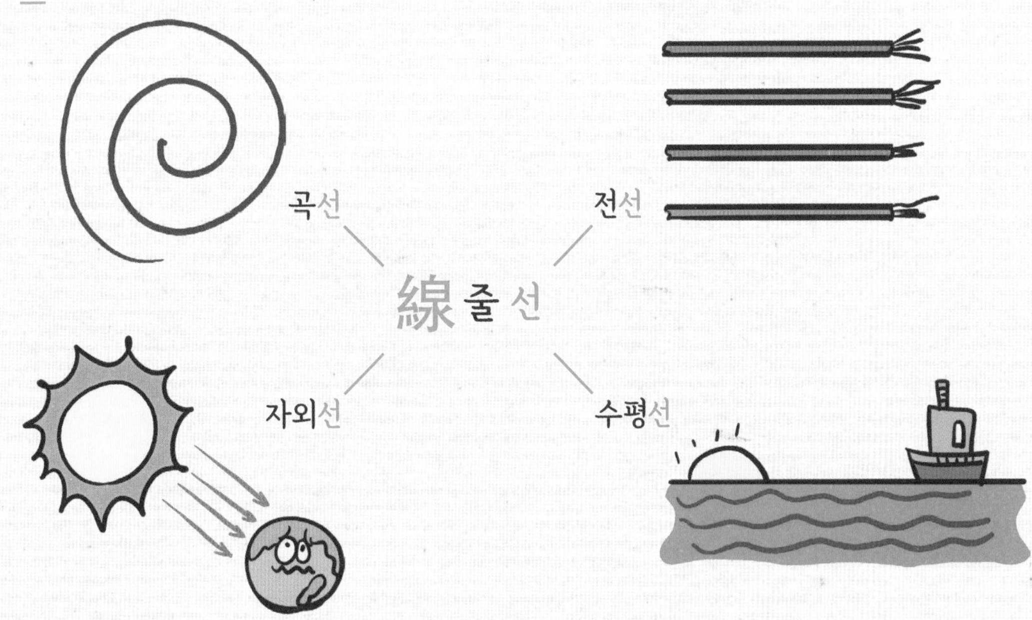

2000년 5월 6일 □요일	날씨 : 흐림

	배	가		고	파	서		시	계	를	
보	았	다	.	“	긴	바	늘	이		어	디
에		있	어	야		점	심	밥		먹	어
요	?	”	라	고		선	생	님	께		여
쭈	었	더	니		씩		웃	으	셨	다	.

시계 時때시 計셀계

• **뜻** 시간을 재거나 시각을 나타내는 기계나 장치를 통틀어 이르는 말.

(예) 시계를 보니 아홉 시가 넘었다.

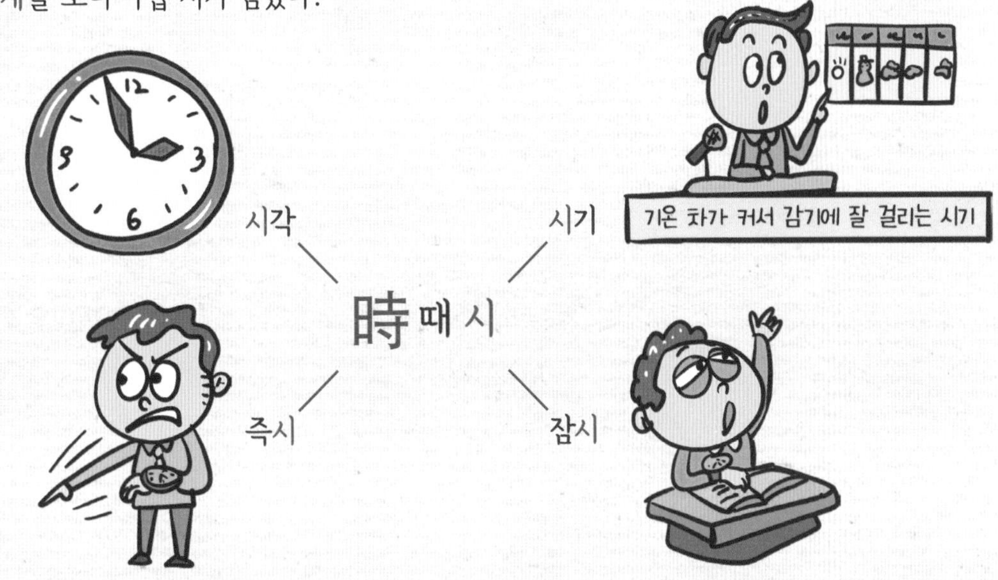

점심 點점점 心마음심

• **뜻** 하루 중에 해가 가장 높이 떠 있는, 정오부터 반나절쯤까지의 동안.

(예) 점심에 비가 내렸다.

2○○○년 5월 15일 □요일	날씨 : 동풍✡

<table>
<tr><td></td><td>볼</td><td>록</td><td></td><td>렌</td><td>즈</td><td>로</td><td></td><td>우</td><td>리</td><td></td><td>뭉</td></tr>
<tr><td>치</td><td>의</td><td></td><td>털</td><td>을</td><td></td><td>보</td><td>았</td><td>다</td><td>.</td><td>평</td><td>소</td></tr>
<tr><td>에</td><td></td><td>보</td><td>던</td><td></td><td>것</td><td>과</td><td></td><td>다</td><td>르</td><td>게</td><td></td></tr>
<tr><td>보</td><td>였</td><td>다</td><td>.</td><td>렌</td><td>즈</td><td>로</td><td></td><td>보</td><td>면</td><td></td><td>세</td></tr>
<tr><td>상</td><td>이</td><td></td><td>다</td><td>르</td><td>게</td><td></td><td>보</td><td>인</td><td>다</td><td>.</td><td></td></tr>
</table>

✡ **동풍(東 동녘 동, 風 바람 풍)** 동쪽에서 부는 바람으로, 봄철에 불어오는 봄바람을 가리킴.

평소 平 평평할 평 素 본디 소

• **뜻** 특별한 일이 없는 보통 때.

(예) 엄마는 평소보다 옷차림에 꽤 신경을 썼다.

세상 世 인간 세 上 위 상

• **뜻** 사람이 살고 있는 모든 사회를 통틀어 이르는 말.

(예) 눈이 온 세상을 덮었다.

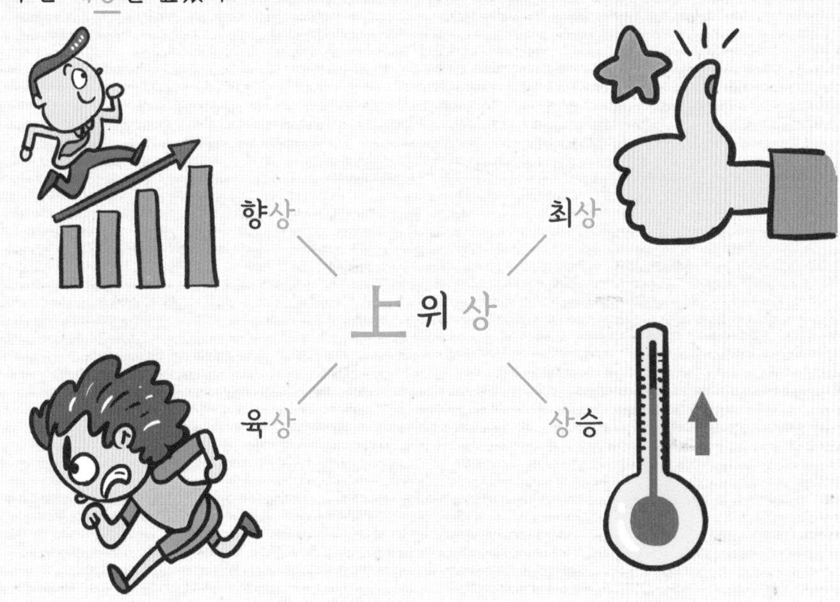

2000년 5월 19일 □요일	날씨 : 구슬비

	선	생	님	이		칠	판	에		원	들
을		그	리	시	더	니	,	그		원	으
로		자	전	거	,	농	구	공	,	체	리
를		그	리	셨	다	.	나	도		원	으
로		우	주	선	을		그	렸	다	.	

칠판 漆 옻 칠 板 널빤지 판

- **뜻** 검정이나 초록색 따위의 칠을 하여 그 위에 분필로 글씨를 쓰거나 그림을 그리게 만든 판.

  (예) 칠판에 그림을 그렸다.

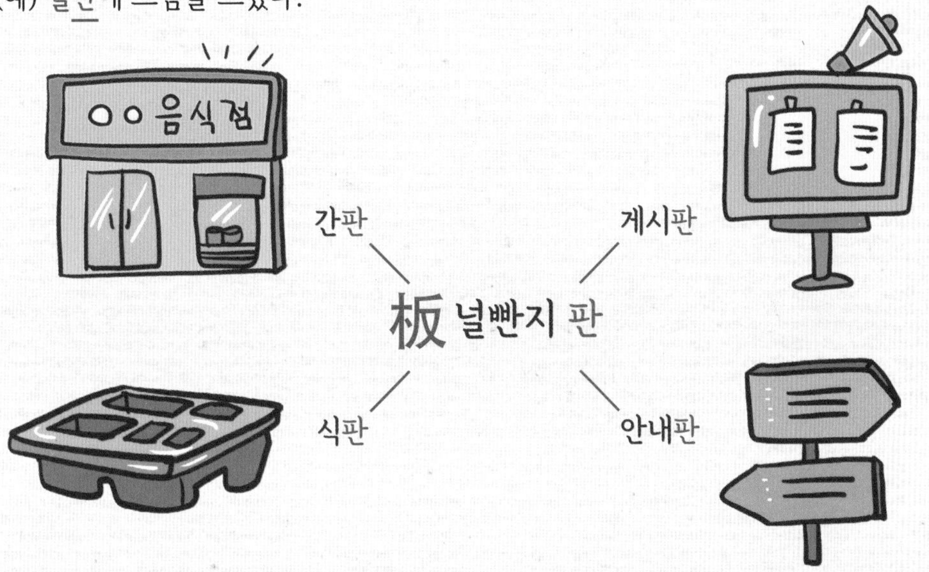

원 圓 둥글 원

- **뜻** 둥글게 그려진 모양이나 형태.

  (예) 서로 손을 맞잡고 원을 만들었다.

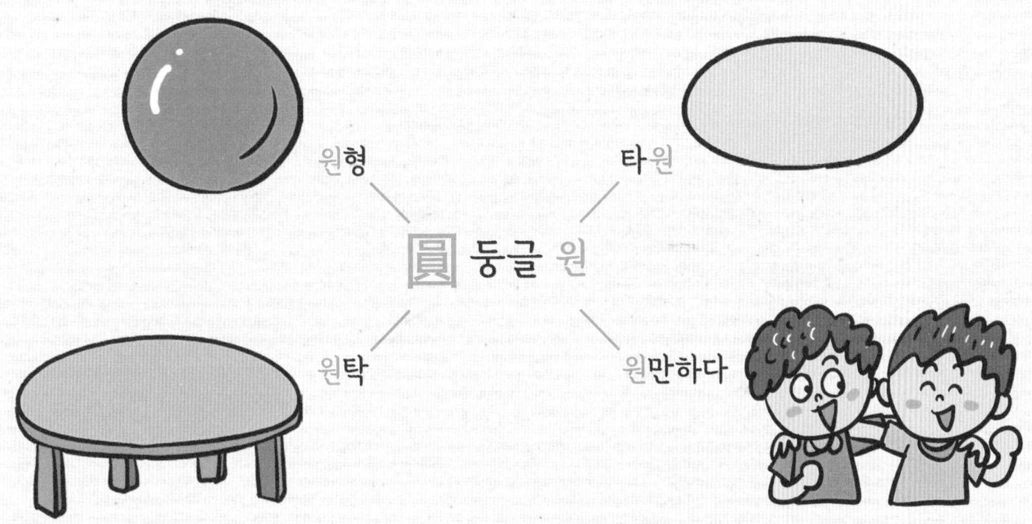

2○○○년 5월 27일 □요일	날씨 : 훈풍✡

	책	에	서		대	왕	오	징	어	와	
대	왕		고	래	를		보	았	다	.	큰
동	물		이	름	에	는		‘	대	왕	’
을		붙	이	나		보	다	.	대	왕	문
어	도		있	으	면		좋	겠	다	.	

✡ **훈풍(薰 향초 훈, 風 바람 풍)** 첫여름에 부는 훈훈한 바람.

대왕 大큰 대 王임금 왕

• **뜻** 훌륭하고 뛰어난 임금을 높여 이르는 말.

(예) 세종 대왕은 한글을 만드셨다.

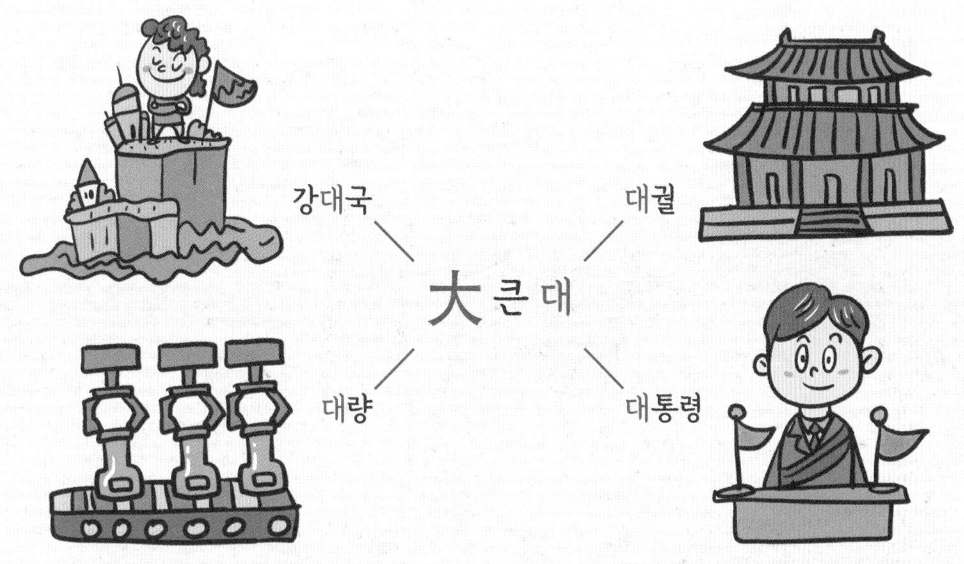

문어 文글월 문 魚물고기 어

• **뜻** 문어과의 연체동물. 몸의 길이는 발끝까지 3미터 정도이며, 붉은 갈색이고 연한 빛깔을 띤 그물 모양의 무늬가 있고 몸빛이 환경에 따라 변한다.

(예) 문어는 몸 색깔을 바꿀 수 있다.

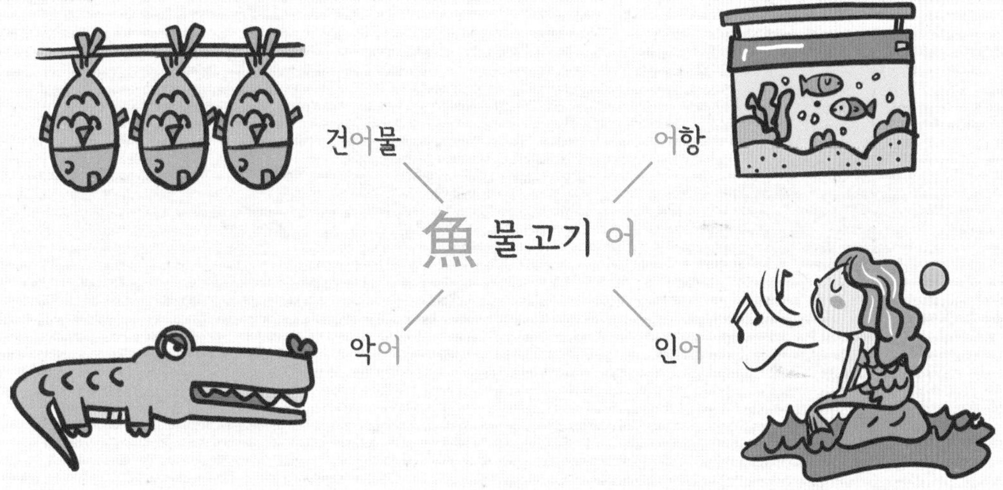

2000년 6월 4일 □요일	날씨 : 뭉게구름

	길	을		가	다	가		공	벌	레	를
발	견	했	다	.	톡		건	드	리	니	까
몸	을		둥	글	게		말	았	다	.	공
벌	레	는		몸	이		반	짝	반	짝	
빛	나	는		특	징	이		있	다	.	

발견 發필발 見볼견

• **뜻** 미처 찾아내지 못했거나 아직 알려지지 않은 사물이나 현상, 사실 따위를 찾아냄.

(예) 신대륙의 발견.

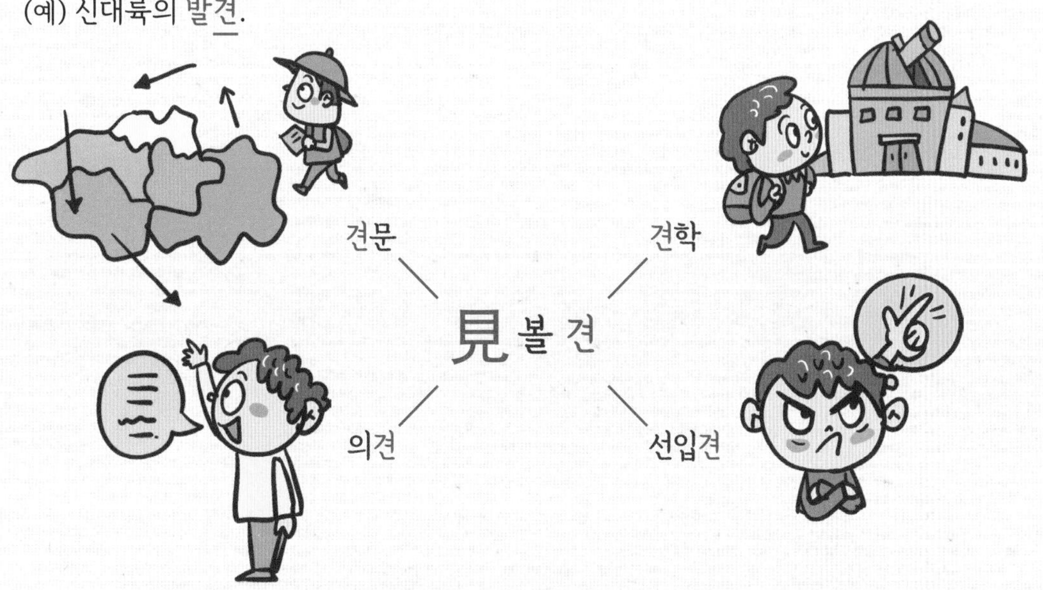

특징 特특별할특 徵부를징

• **뜻** 다른 것에 비하여 특별히 눈에 뜨이는 점.

(예) 코에 점이 있다는 특징이 있다.

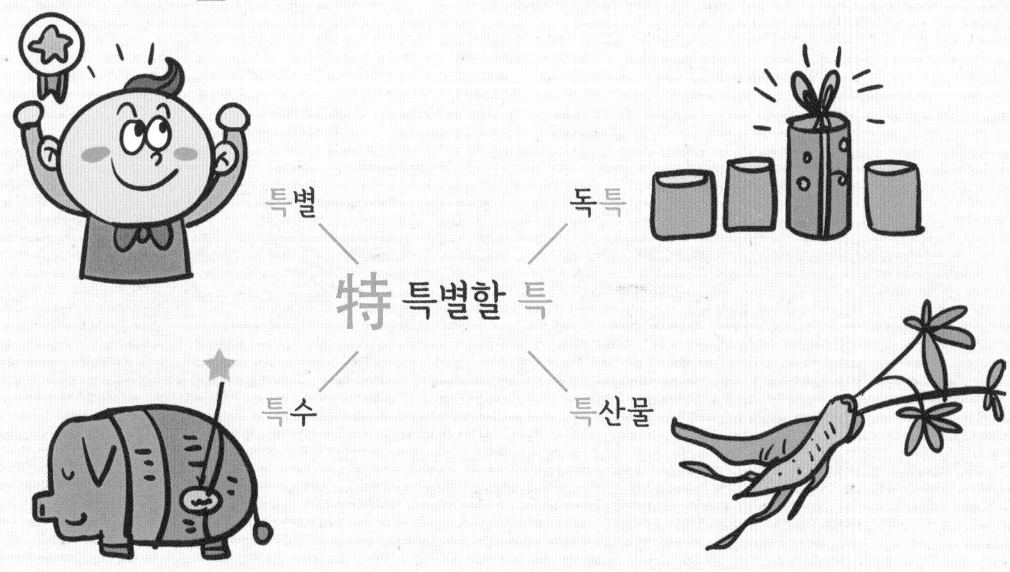

2000년 6월 8일 □요일	날씨 : 온화✡

	내	가		우	리		반		달	리	기
선	수	로		뽑	혔	다	.	운	동	장	에
서		친	구	들	과		달	렸	을		때
내	가		다	다	다	닥		달	려	서	
1	등	으	로		들	어	왔	다	.		

✡ **온화**(溫 따뜻할 **온**, 和 화목할 **화**) 날씨가 맑고 따뜻하며 바람이 부드럽다.

선수 選가릴 선 手손 수

• **뜻** 운동 경기나 기술 따위에서, 기량이 뛰어나 많은 사람 가운데에서 대표로 뽑힌 사람. 또는 스포츠를 직업으로 하는 사람.

(예) 국가대표 축구 선수.

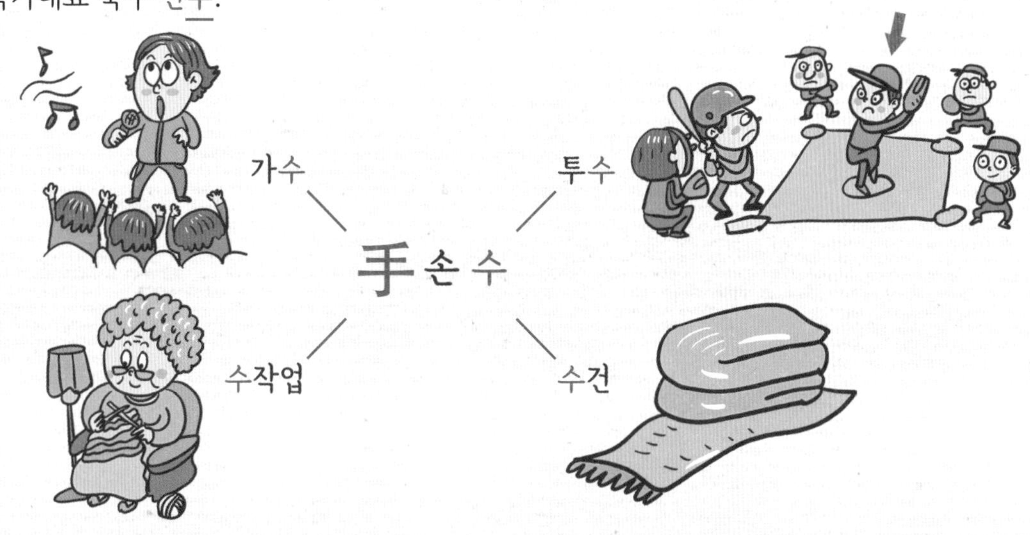

운동장 運옮길 운 動움직일 동 場마당 장

• **뜻** 체조, 운동 경기, 놀이 따위를 할 수 있도록 여러 가지 기구나 설비를 갖춘 넓은 마당.

(예) 운동장에서 운동회가 열렸다.

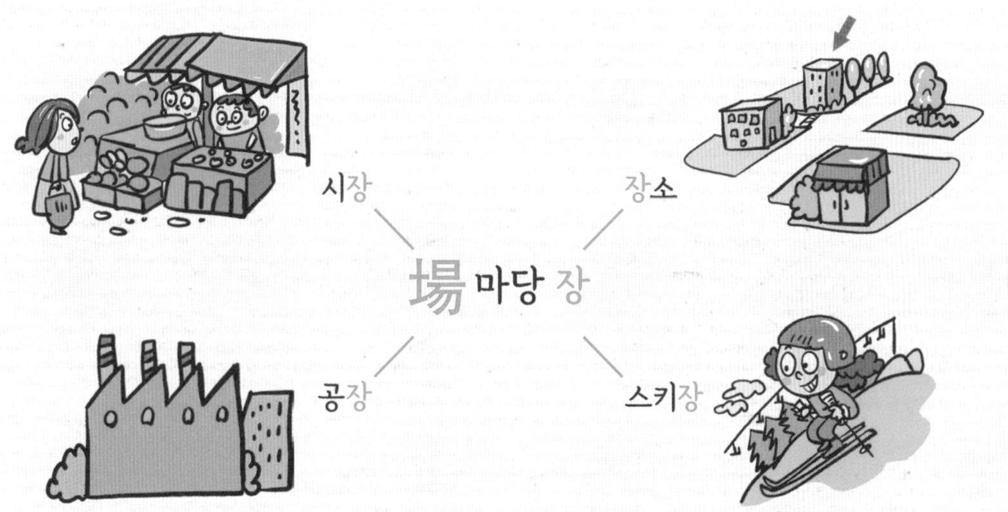

2○○○년 6월 9일 □요일	날씨 : 비, 후덥지근

	비	야	,	왜		계	속		오	니	?
놀		수	가		없	잖	아	.	우	산	을
써	도		소	용	없	잖	아	.	내	가	
잠	잘		때		와	라	.	새	벽	에	
꿈	꿀		때		와	라	.	알	았	지	?

우산 雨비우 傘우산 산

• **뜻** 펴고 접을 수 있어 비가 올 때에 펴서 손에 들고 머리 위를 가린다. 박쥐우산, 비닐우산, 지우산 따위가 있다.

(예) 아침에 우산을 챙길걸.

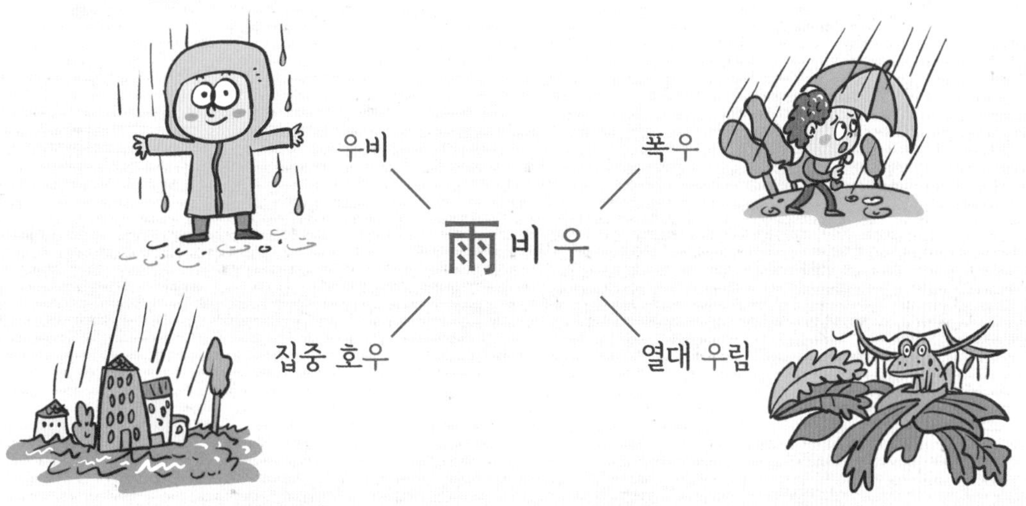

소용 所바 소 用쓸 용

• **뜻** 쓸 곳. 또는 쓰이는 바.

(예) 거짓말해도 소용없다.

2○○○년 6월 17일 □요일	날씨 : 우천✡

	어	제		새		교	정	기	를		껴
서		이	가		아	픈	데	,	급	식	에
닭	죽	이		나	왔	다	.	야	호	!	
영	양		선	생	님	이	랑		내	가	
텔	레	파	시	가		통	했	나		보	다.

✡ **우천(**雨 비 **우,** 天 하늘 **천)** 비가 오는 날씨.

급식 給 줄 급 食 밥 식/먹을 식

• **뜻** 식사를 공급함. 또는 그 식사.

(예) 우리 학교 급식 맛있다!

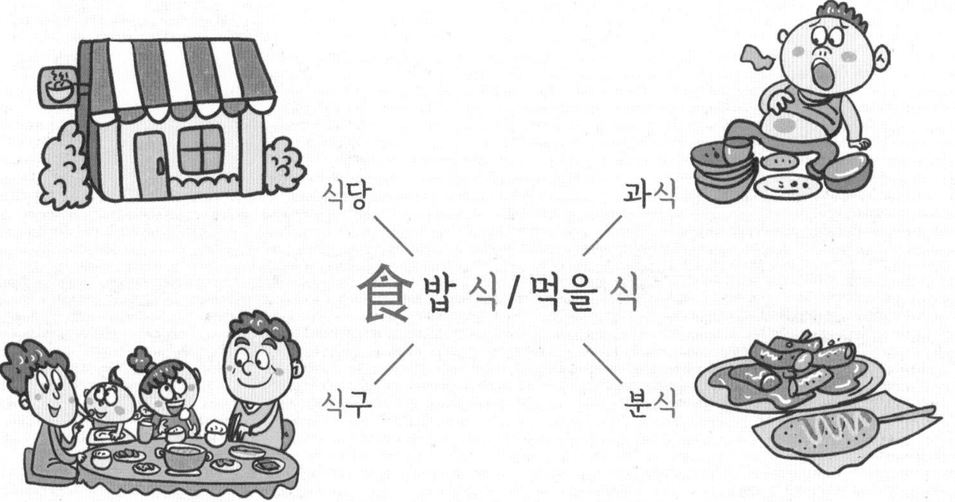

통하다 通 통할 통

• **뜻** 막힘이 없이 들고 나다.

(예) 바람이 잘 통하는 곳.

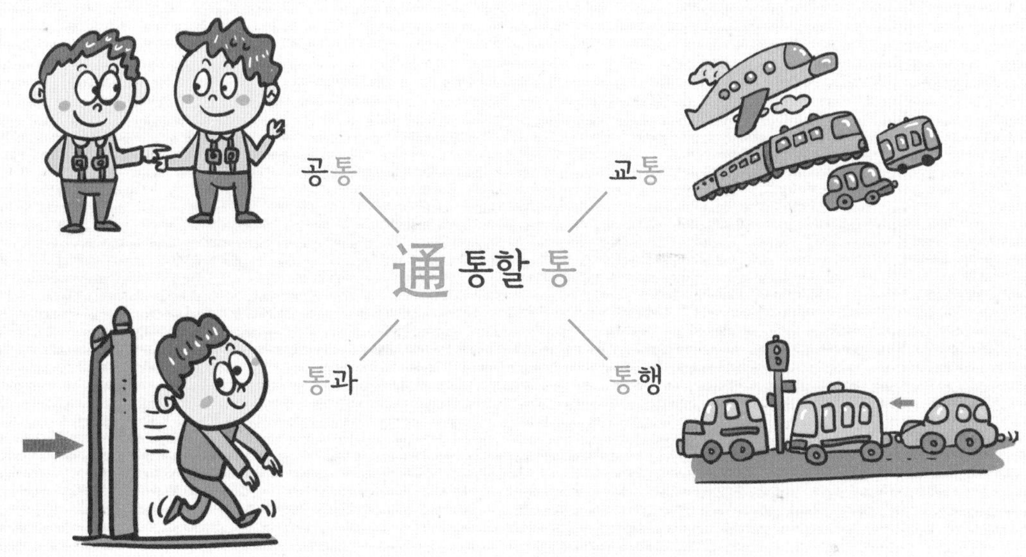

20○○년 6월 21일 □요일	날씨 : 산들바람

	선	생	님	은		소	심	하	신		것
같	다	.	왜	냐	하	면		입		옆	에
과	자		가	루	가		묻	었	다	고	
말	씀	드	렸	더	니		얼	굴	이		빨
개	지	셨	기		때	문	이	다	.		

소심하다 小 작을 소 心 마음 심

• **뜻** 대담하지 못하고 조심성이 지나치게 많다.

(예) 나는 소심한 성격이다.

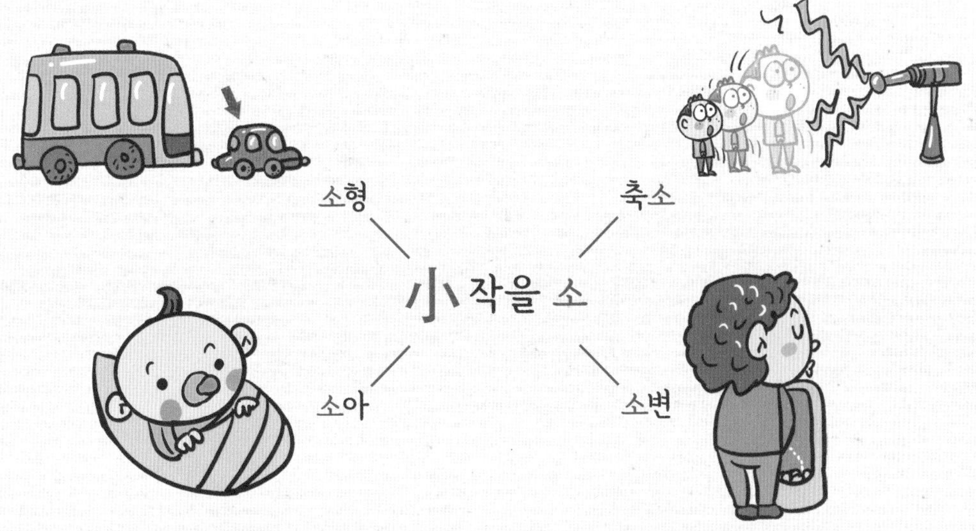

과자 菓 실과 과 子 아들 자

• **뜻** 밀가루나 쌀가루 등에 설탕, 우유 따위를 섞어 굽거나 기름에 튀겨서 만든 음식. 주로 간식으로 먹는다.

(예) 가방 가득 과자를 채웠다.

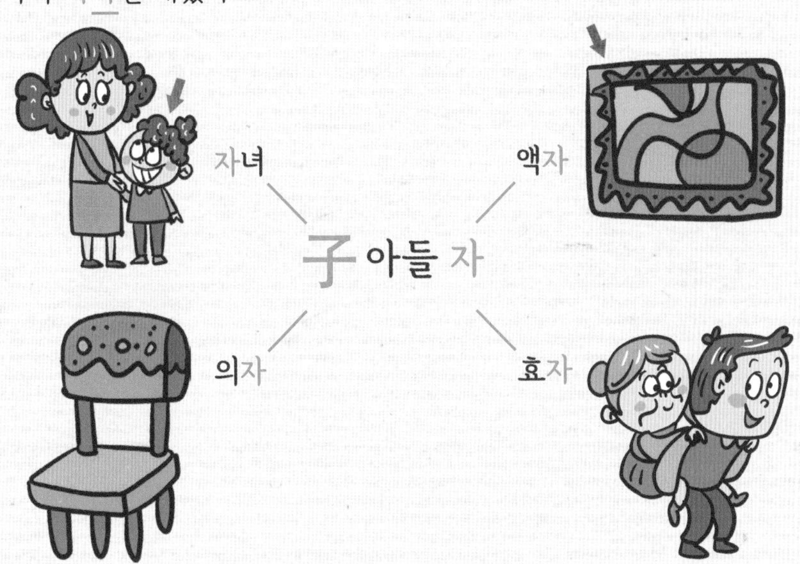

2000년 6월 30일 □요일	날씨 : 먹구름

	지	우	는		양	념	치	킨	을		좋
아	하	고		나	는		프	라	이	드	치
킨	을		좋	아	한	다	.	그	래	서	
엄	마	는		반	씩		섞	은		메	뉴
를		주	문	하	셨	다	.				

반 半반 반

• **뜻** ① 둘로 똑같이 나눈 것의 한 부분. (예) 그 사과의 반은 동생에게 줘라.

② 일이나 물건의 중간쯤 되는 부분. (예) 시작이 반이라는데 얼른 시작해 보자.

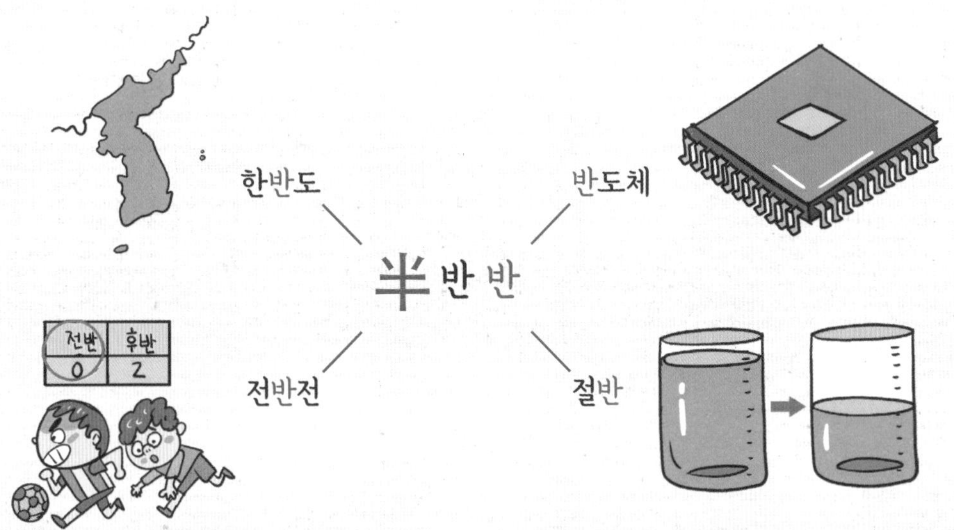

주문 注부을 주 文글월 문

• **뜻** 어떤 상품을 만들거나 파는 사람에게 그 상품의 생산이나 수송, 또는 서비스의 제공을 요구하거나 청구함. 또는 그 요구나 청구.

(예) 손님은 주스를 주문했다.

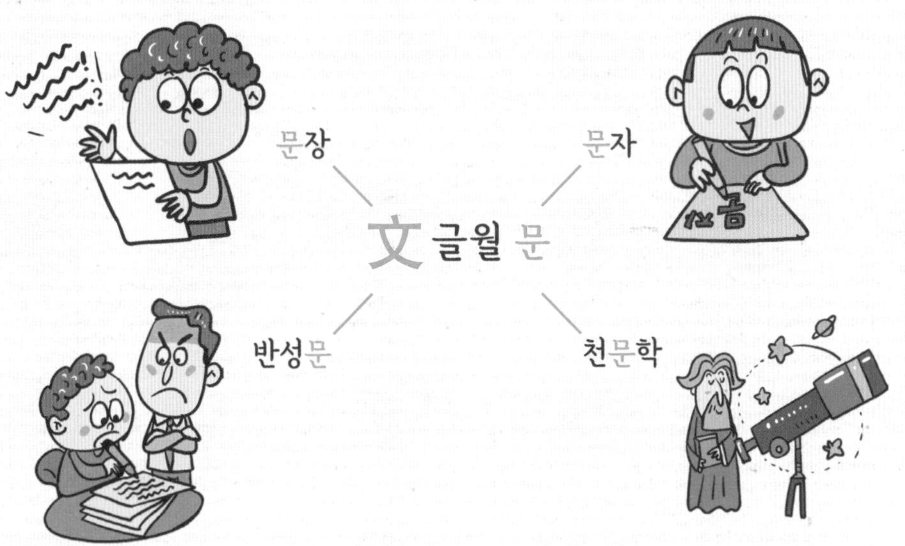

20○○년 7월 7일 □요일	날씨 : 소나기

	나	는		국	회		의	원	이		모
여		회	의	하	는		곳	이		〈	**국**
회	**의**		**사**	**당**	〉	인		줄		알	았
다	.	그	런	데		알	고		보	니	
〈	**국**	**회**		**의**	**사**	**당**	〉	이	란	다	.

국회　國 나라 국　會 모일 회

• **뜻**　국민의 대표로 구성한 입법 기관.

(예) 국회 의원들이 모여서 회의를 한다.

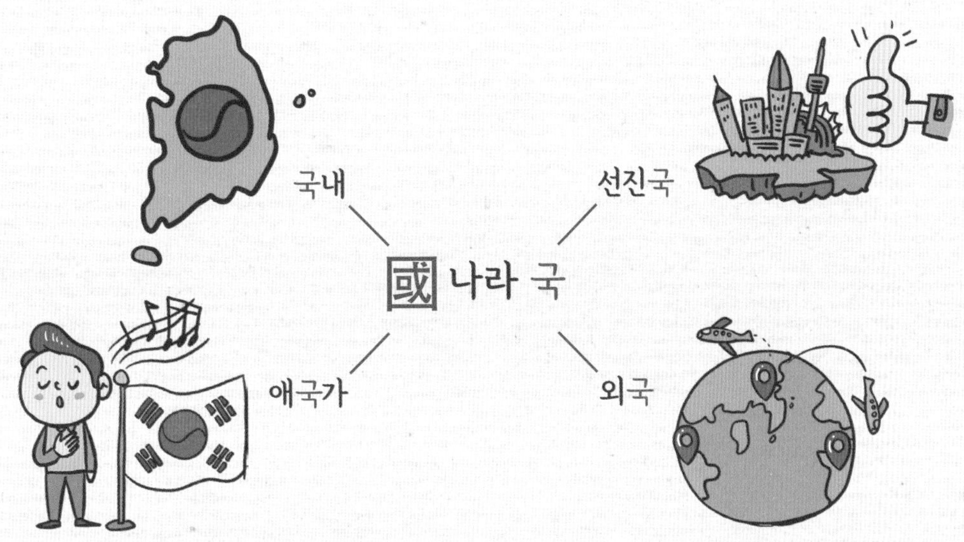

회의　會 모일 회　議 의논할 의

• **뜻**　여럿이 모여 의논함. 또는 그런 모임.

(예) 가족회의를 열었다.

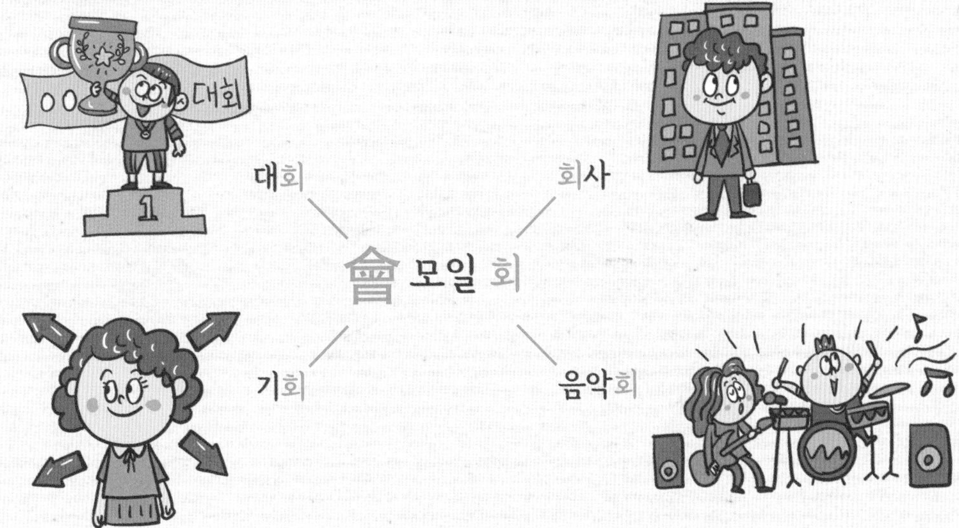

20○○년 7월 14일 □요일	날씨 : 열대야✡

	토	요	일	에		삼	촌	이		강	아
지	를		데	리	고		온	다	고		하
셨	다	.	어	떤		강	아	지	일	까	
호	기	심	이		생	겼	다	.	하	얀	색
푸	들	이	라	고		한	다	.			

✡ **열대야(熱 더울 열, 帶 띠 대, 夜 밤 야)** 방 밖의 온도가 25도 이상인 무더운 밤.

토요일 土흙 토 曜빛날 요 日날 일

- **뜻** 월요일을 기준으로 한 주의 여섯째 날.

  (예) 토요일에는 야구를 보러 갈 것이다.

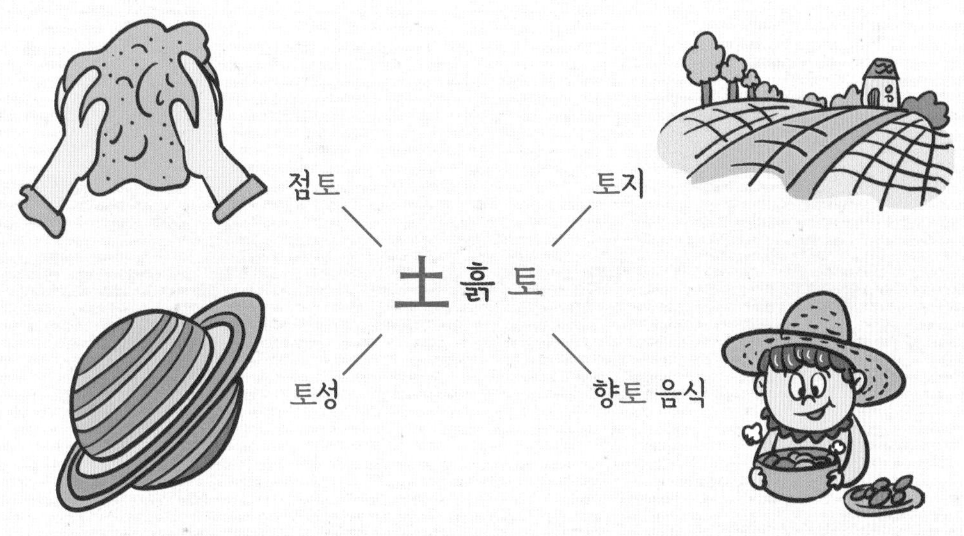

호기심 好좋을 호 奇기특할 기 心마음 심

- **뜻** 새롭고 신기한 것을 좋아하거나 모르는 것을 알고 싶어 하는 마음.

  (예) 호기심이 가득한 눈빛.

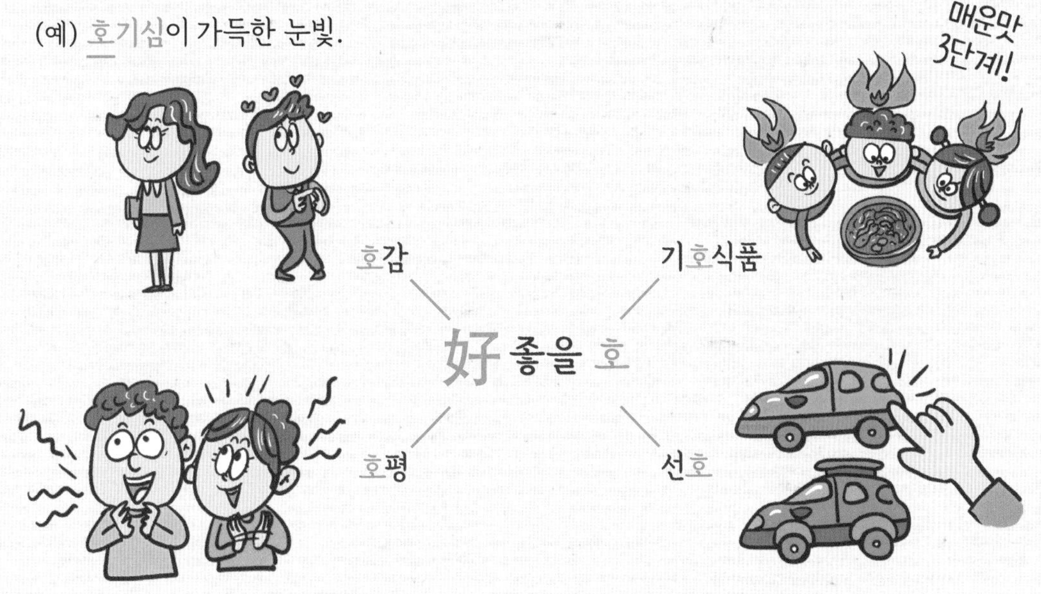

2○○○년 7월 18일 □요일	날씨 : 뙤약볕

	부	모	님	이		결	혼	식	장	에	
가	셔	서	,	형	과		방	에	서		고
무	공		놀	이	를		했	다	.	방	은
좁	아	서		공	을		놓	쳐	도		멀
리		가	지		않	아	도		된	다	.

부모 父 아버지 부 母 어머니 모

• **뜻** 아버지와 어머니를 아울러 이르는 말.

(예) 알림장에 부모님 사인을 받아야 한다.

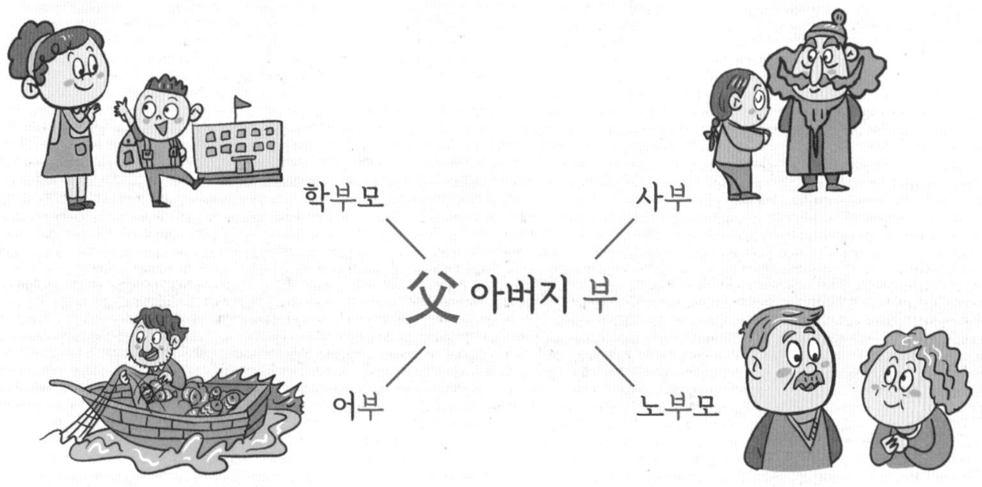

방 房 방 방

• **뜻** 사람이 살거나 일을 하기 위하여 벽 따위로 막아 만든 칸.

(예) 방을 깨끗이 치웠다.

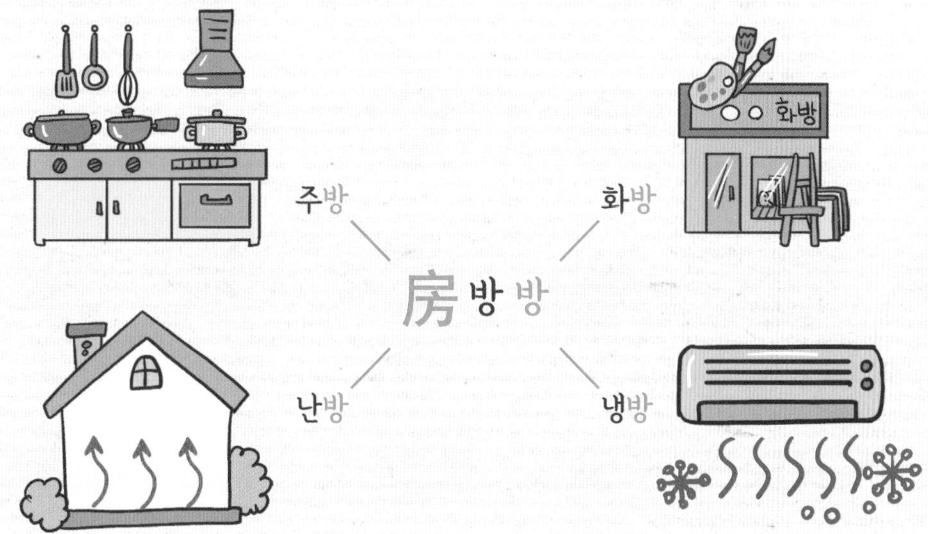

2○○○년 7월 24일 □요일	날씨 : 쾌청✡

	교	실	로		들	어	가	려	는	데	,
채	아	가		“	여	왕	님	,	어	서	
오	세	요	.”		하	며		문	을		열
어		주	었	다	.	나	는		“	고	마
워	.”	라	고		하	며		들	어	갔	다.

✡ **쾌청**(快 쾌할 **쾌**, 晴 갤 **청**) 구름 한 점 없이 상쾌하도록 날씨가 맑음.

여왕 女여자 녀(여) 王임금 왕

• **뜻** 여자 임금.

(예) 선덕 여왕은 신라 최초의 여왕이다.

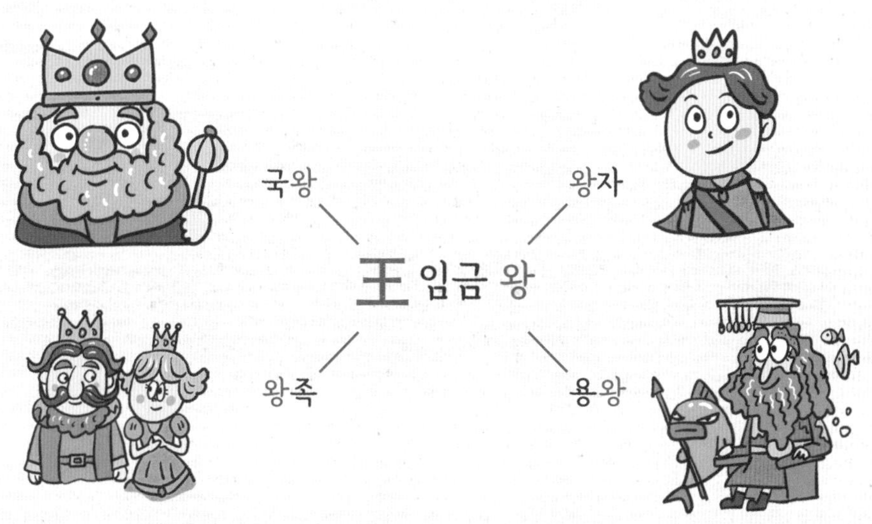

문 門문 문

• **뜻** 드나들거나 물건을 넣었다 꺼냈다 하기 위하여 틔워 놓은 곳. 또는 그곳에 달아 놓고 여닫게 만든 시설.

(예) 교실 문이 고장 났다.

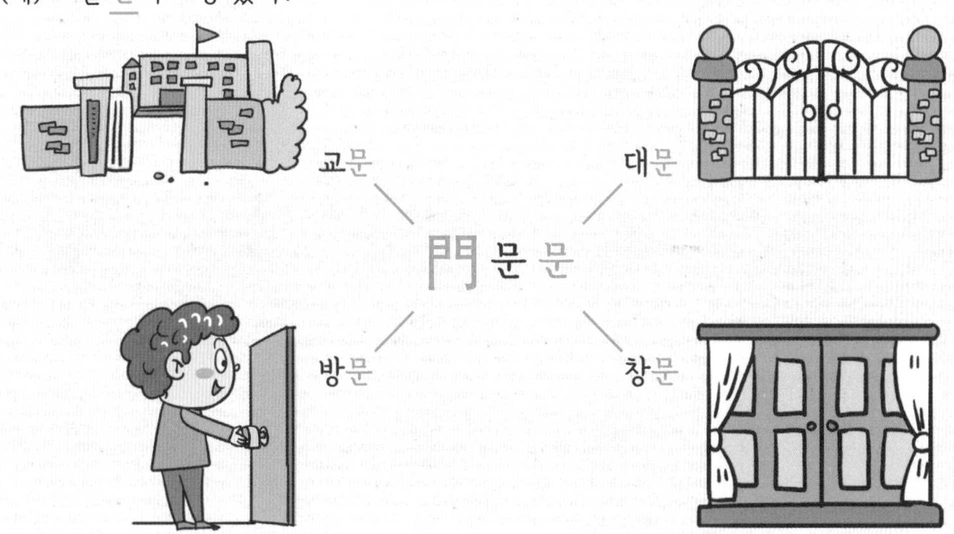

20○○년 7월 26일 □요일	날씨 : 무더위

	수	육	을		먹	으	면	서		T	V
로		만	화		영	화	를		보	았	다.
맛	있	는		것	도		먹	고		재	미
있	는		것	도		보	니	까		오	늘
은		기	분	이		최	고	다	.		

수육 肉 고기 육

• **뜻** 삶아 내어 물기를 뺀 고기.

(예) 수육 한 접시를 시켰다.

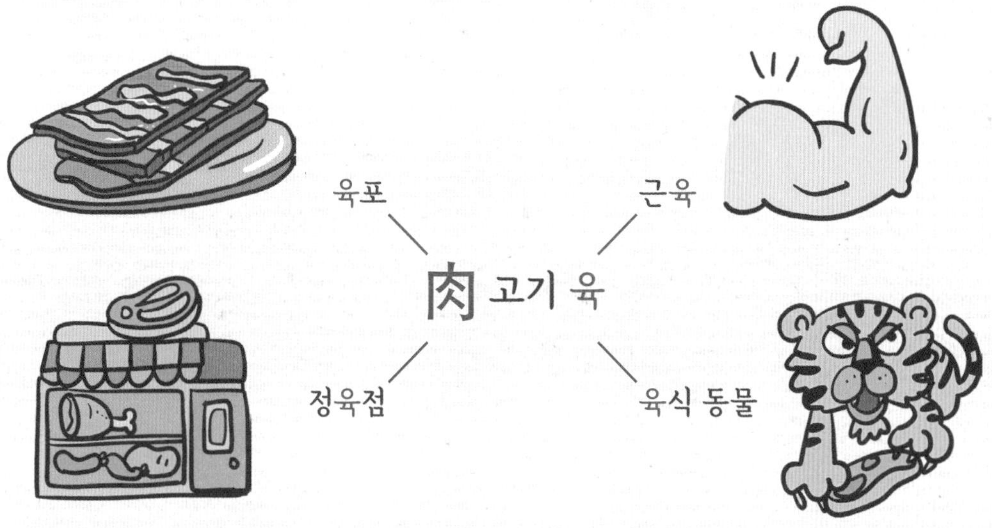

기분 氣 기운 기 分 나눌 분

• **뜻** 대상·환경 따위에 따라 마음에 절로 생기며 한동안 지속되는, 유쾌함이나 불쾌함 따위의 감정.

(예) 게임에 이겨서 기분이 엄청 좋다.

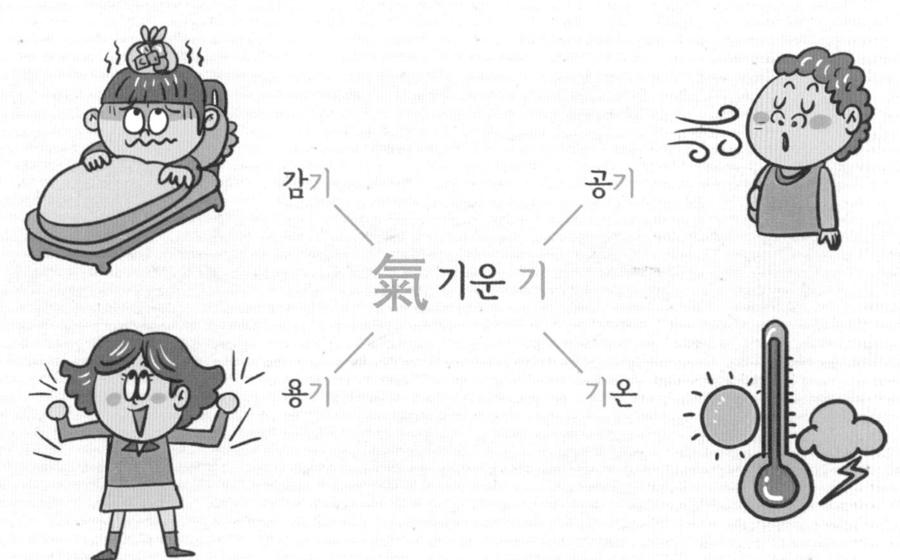

2000년 8월 8일 □요일	날씨 : 무더위

	실	내		수	영	장	에		갔	다	.
빨	리		들	어	가	고		싶	어	서	
탈	의	실		출	구	에	서		뛰	다	가
쿵		미	끄	러	졌	다	.	하	마	터	면
병	원	에		갈		뻔	했	다	.		

수영장 水물 수 泳헤엄칠 영 場마당 장

• **뜻** 수영하면서 놀거나 수영 경기 따위를 할 수 있는 시설을 갖춘 곳.

(예) 실내 수영장에서는 수영모를 써야 한다.

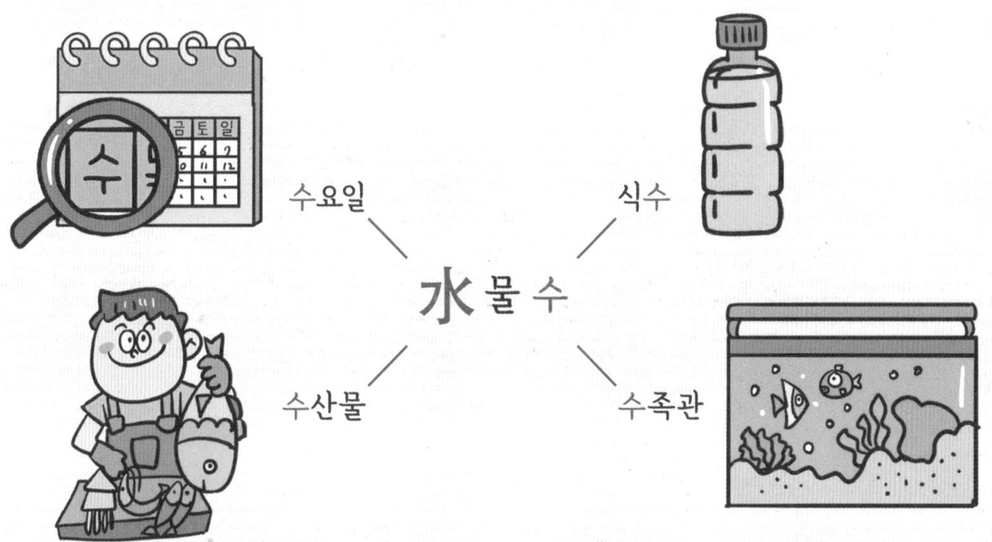

출구 出날 출 口입 구

• **뜻** 밖으로 나갈 수 있는 통로.

(예) 영화관 비상 출구를 기억해 뒀다.

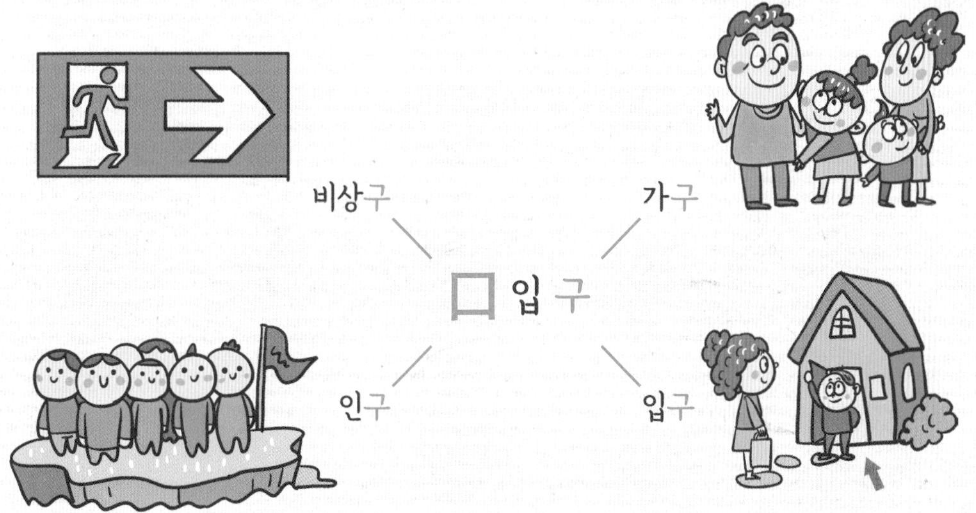

2000년 8월 16일 □요일	날씨 : 가득한 햇살

	아	빠	와		등	산	을		했	다	.
컵	라	면	,	사	과	를		가	져	갔	는
데		아	빠	가		“	아	차	!		뜨
거	운		물	을		놓	고		왔	네	.”
라	고		하	셨	다	.	실	망	했	다	.

등산 登 오를 등 山 메 산

• **뜻** 운동, 놀이, 탐험 따위의 목적으로 산에 오름.

(예) 가족과 등산을 즐긴다.

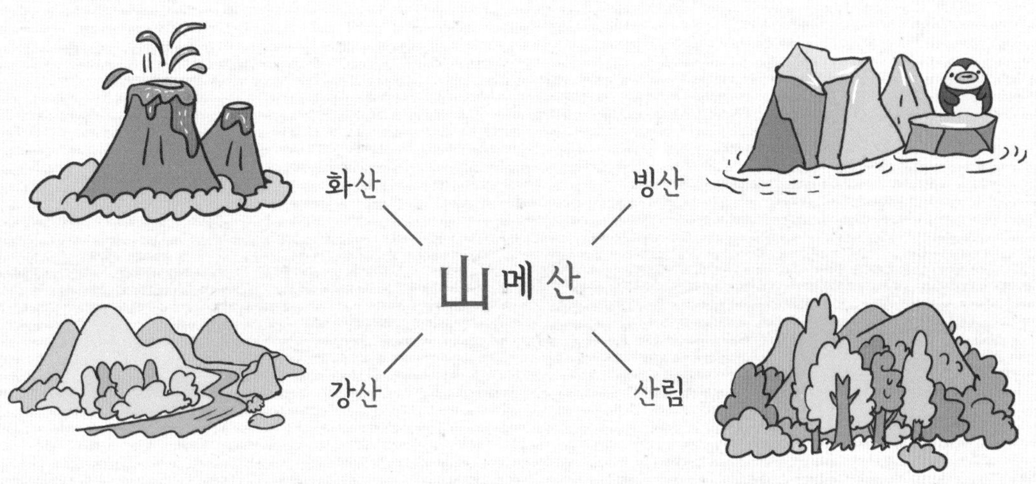

실망 失 잃을 실 望 바랄 망

• **뜻** 희망이나 명망을 잃음. 또는 바라던 일이 뜻대로 되지 않아 마음이 몹시 상함.

(예) 친구가 약속을 안 지켜서 실망했다.

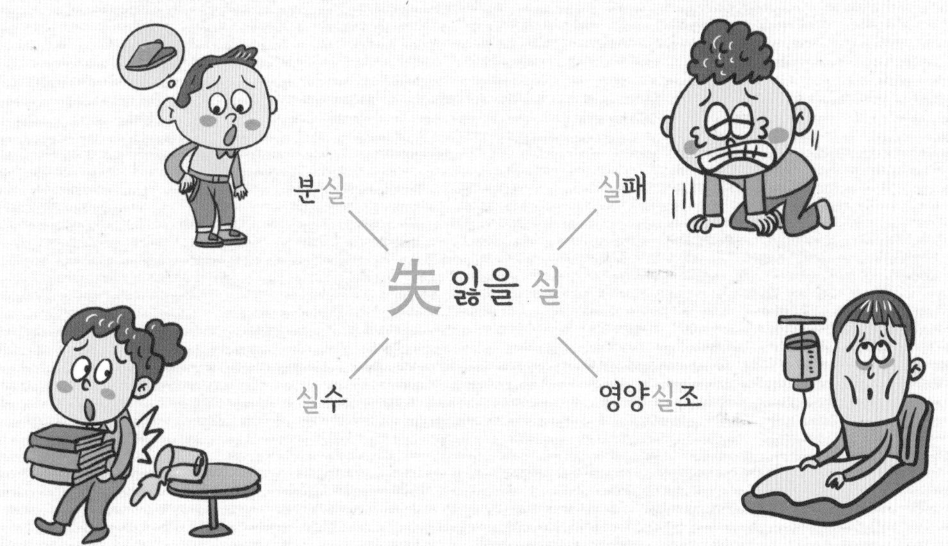

2000년 8월 25일 □요일	날씨 : 태풍✲

	책	을		읽	다	가		배	가		고
파	졌	다	.	냉	장	고	를		열	어	
보	니		중	간	에		피	자		조	각
이		보	였	다	.	동	생		것	이	라
서		꾹		참	았	다	.				

✲ **태풍(颱 태풍 태, 風 바람 풍)** 보통 7~9월에 우리나라에 오는 폭풍우를 수반하는 열대 저기압.

책 冊 책 책

• **뜻** 일정한 목적, 내용, 체재에 맞추어 사상, 감정, 지식 따위를 글이나 그림으로 표현하여 적거나 인쇄하여 묶어 놓은 것.

(예) 책 한 권을 샀다.

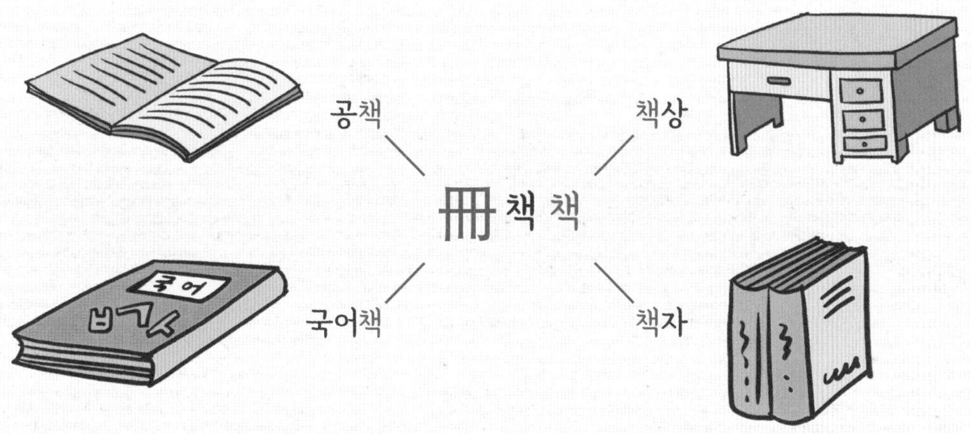

중간 中 가운데 중 間 사이 간

• **뜻** ① 두 사물의 사이. (예) 학교와 집의 중간에서 만나자.

② 공간이나 시간 따위의 가운데. (예) 교실 중간에 공을 놓았다.

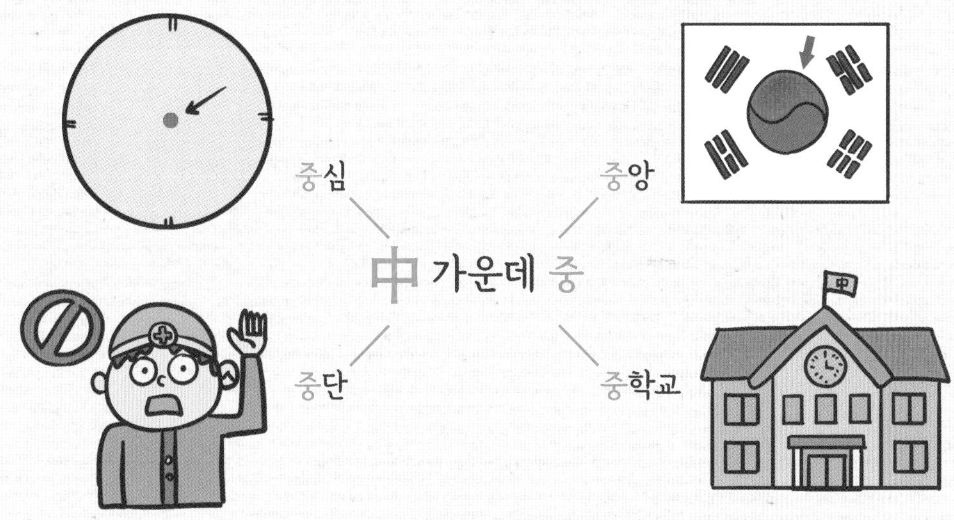

20○○년 9월 1일 □요일	날씨 : 흐린 후 갬

	열	이		나	고		아	프	면		좋
은		점	도		있	다	.	사	람	들	이
잘	해		주	고		숙	제	도		미	룰
수		있	다	.	자	신	이		하	고	
싶	은		대	로		할		수		있	다.

열 熱 더울 열

• **뜻** 병으로 인하여 오르는 몸의 열.

(예) 이마에 열이 난다.

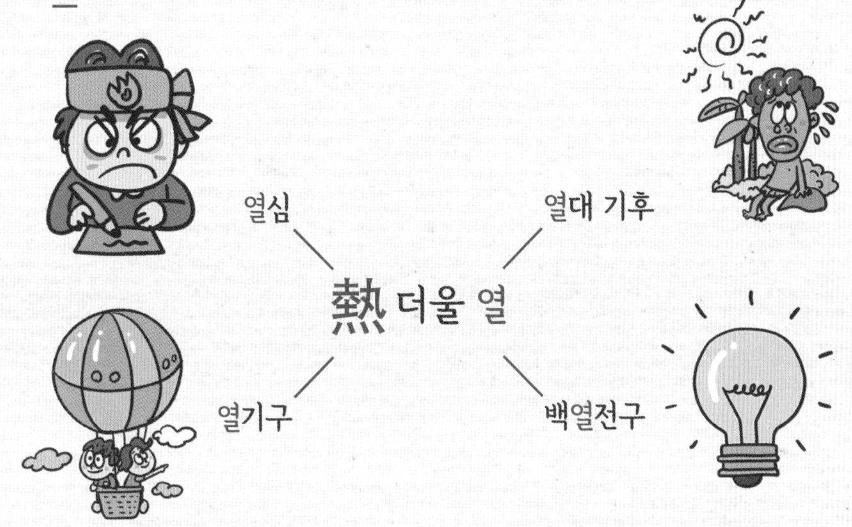

자신 自 스스로 자 身 몸 신

• **뜻** 그 사람의 몸 또는 바로 그 사람을 이르는 말.

(예) 자신이 직접 요리했다.

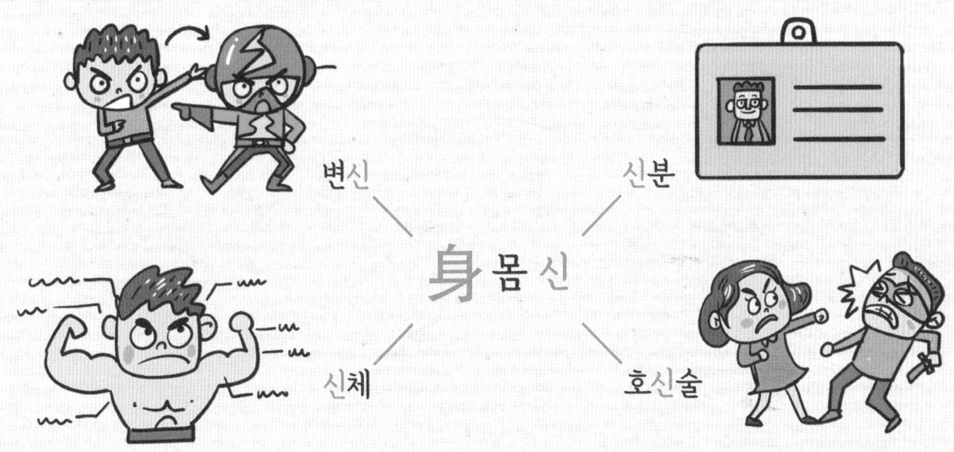

2000년 9월 10일 □요일	날씨 : 순풍✡

	선	우	가		내		팔	에		있	는
화	상	을		보	고		뭐	냐	고		물
었	다	.	목	요	일	에		국	물	에	
덴		것	이	라	고		말	했	다	.	선
우	가		호	~		불	어		주	었	다.

✡ **순풍(順 순할 순, 風 바람 풍)** 순하게 부는 바람.

화상 火불 화 傷다칠 상

• **뜻** 높은 온도의 기체, 액체, 고체, 화염 따위에 데었을 때에 일어나는 피부의 손상.

(예) 촛불에 화상을 입었다.

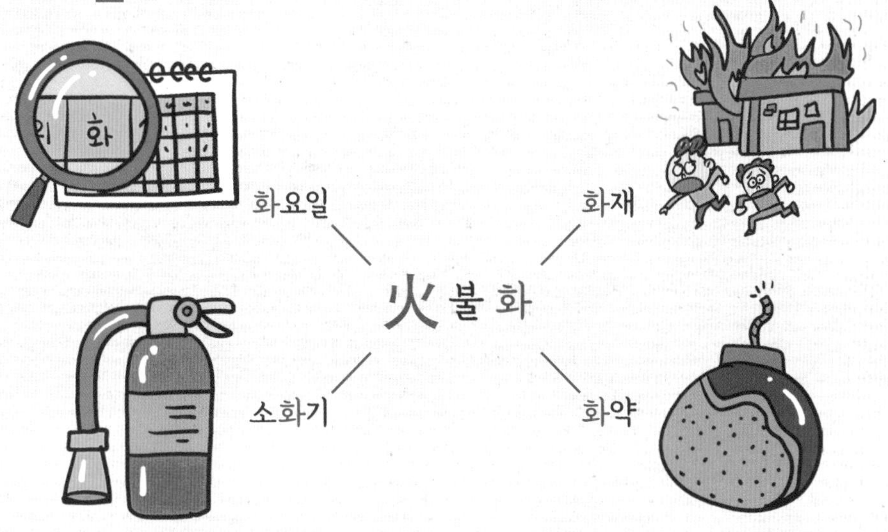

목요일 木나무 목 曜빛날 요 日날 일

• **뜻** 월요일을 기준으로 한 주의 넷째 날.

(예) 목요일에 만나자!

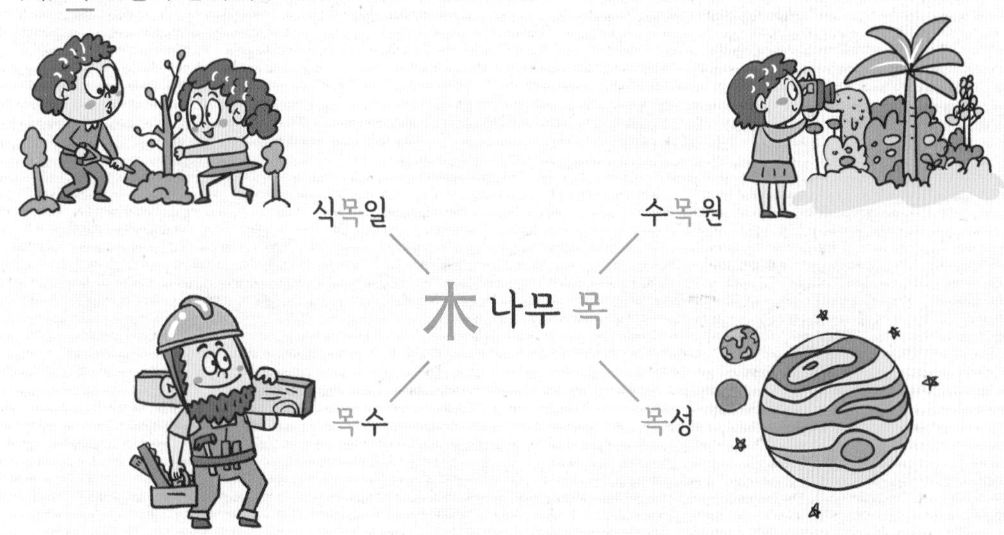

2○○○년 9월 16일 □요일	날씨 : 비

	우	리		집		카	레	에	는		돼
지	고	기	,	감	자	,	당	근	,	양	파,
완	두	콩	,	월	계	수		잎	이		들
어		있	다	.	하	지	만		월	계	수
잎	을		먹	지	는		않	는	다	.	

완두콩 豌완두 완 豆콩 두

- **뜻** 완두의 열매. 초여름에 열리며 식용한다.

  (예) 완두콩은 변비에 좋다.

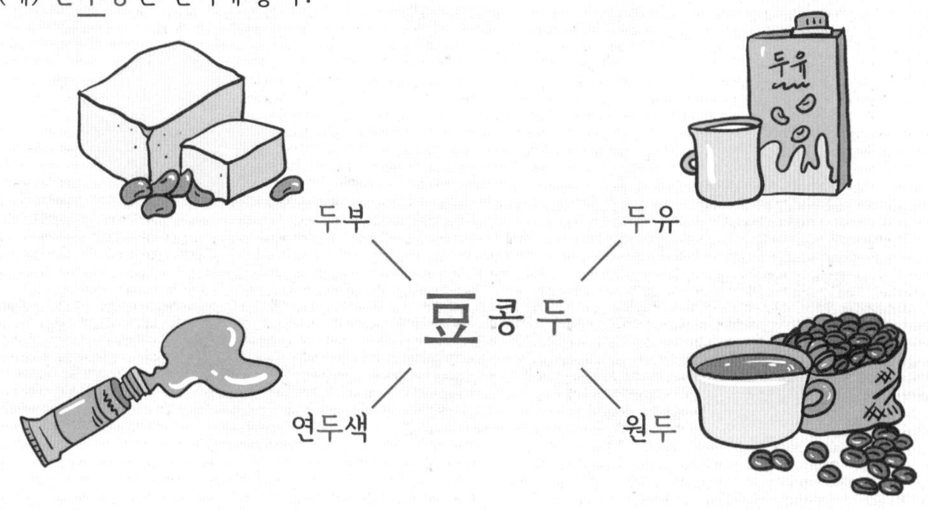

월계수 月달 월 桂계수나무 계 樹나무 수

- **뜻** 녹나뭇과의 나뭇잎이 사철 내내 푸른 키가 큰 나무. 잎은 향기가 좋아 향료로 쓰고 예전에는 올림픽에서 경기 우승자에게 '월계관'을 씌워 주었다.

  (예) 월계수의 꽃말은 '영광'이다.

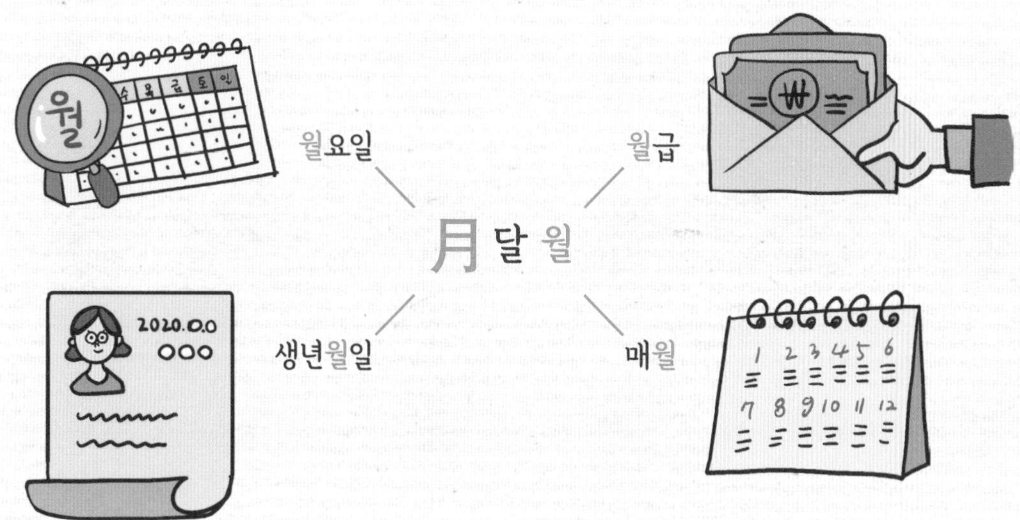

2○○○년 9월 23일 □요일	날씨 : 찬 바람

	웃	기	는		장	면	을		목	격	했
다	.	아	빠	가		출	근	하	실		때
엄	마	가		손	으	로		하	트	를	
만	드	니	까		아	빠	는		팔	로	
하	트	를		만	들	었	다	.	히	히	!

목격 目눈 목 擊칠 격

• **뜻** 눈으로 직접 봄.

(예) 사건을 목격한 사람.

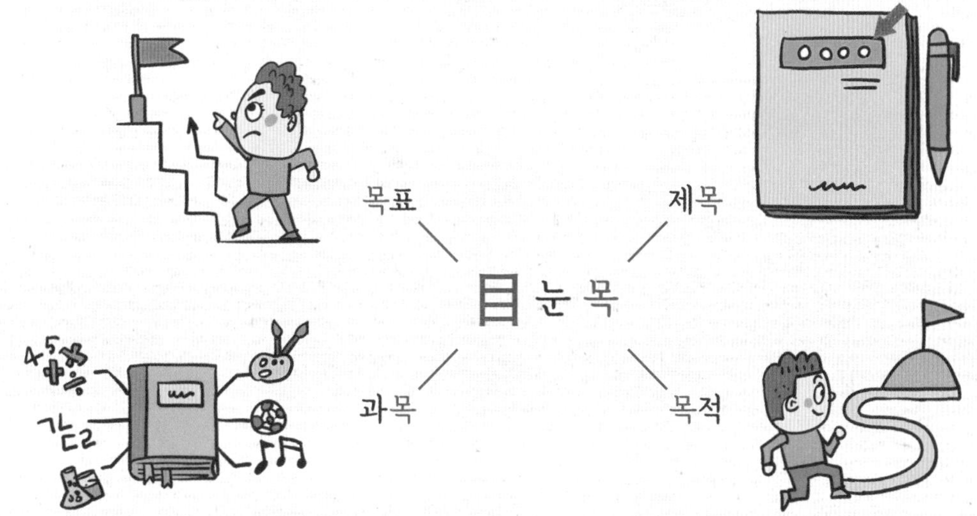

출근 出날 출 勤부지런할 근

• **뜻** 일터로 근무하러 나가거나 나옴.

(예) 출근 시간에는 지하철이 붐빈다.

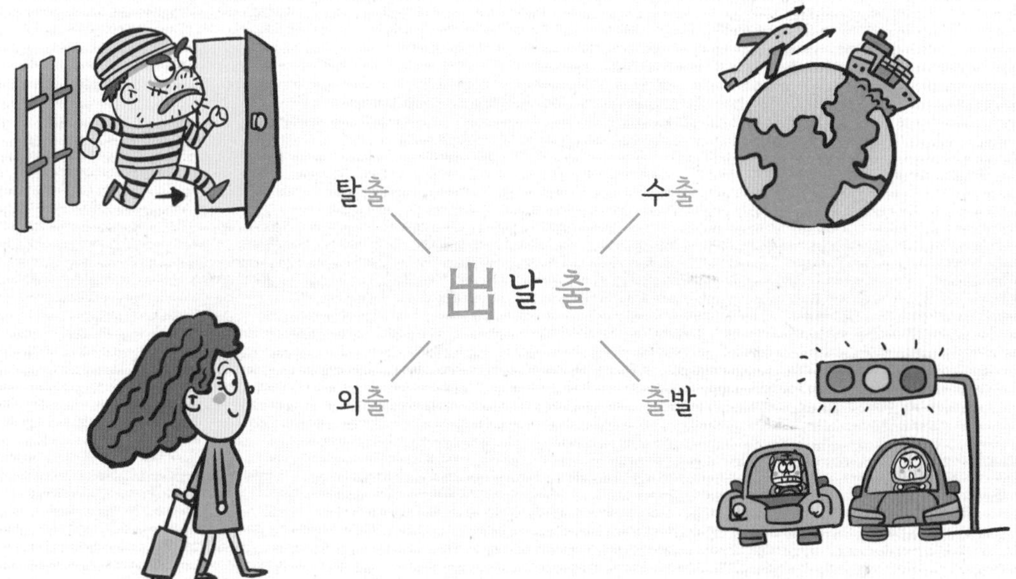

2000년 10월 2일 □요일	날씨 : 맑음

	고	모	가		아	기	를		낳	아	서
병	원	에		갔	다	.	나	에	게		사
촌		동	생	이		생	긴		것	이	다.
아	기		얼	굴	은		동	그	란	데	,
머	리	카	락	이		별	로		없	었	다.

병원 病병 병 院집 원

• **뜻** 병을 앓고 있는 사람을 진찰, 치료하는 데에 필요한 설비를 갖추어 놓은 곳.

(예) 병원에 입원했다.

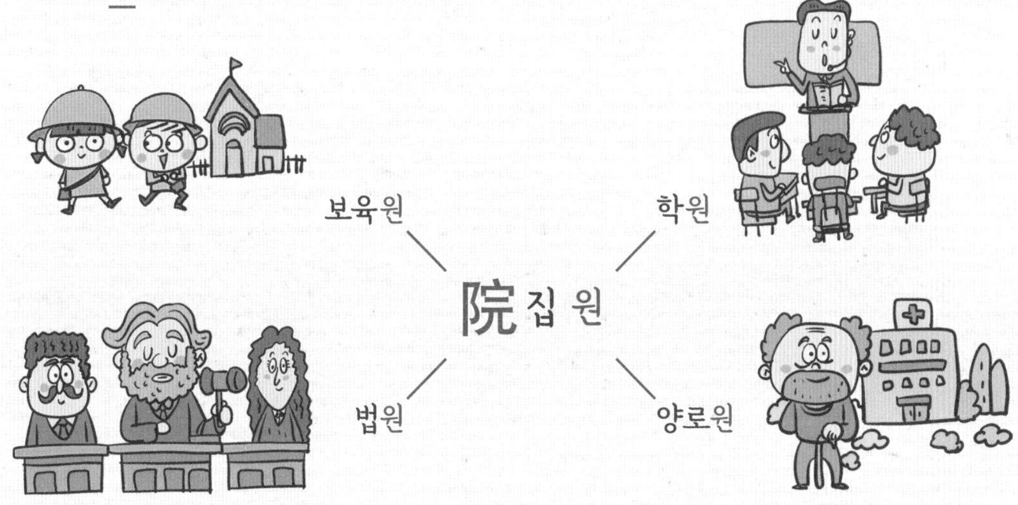

사촌 四넉 사 寸마디 촌

• **뜻** 아버지나 어머니의 친형제자매의 아들이나 딸과의 촌수.

(예) 사촌 누나와 동생.

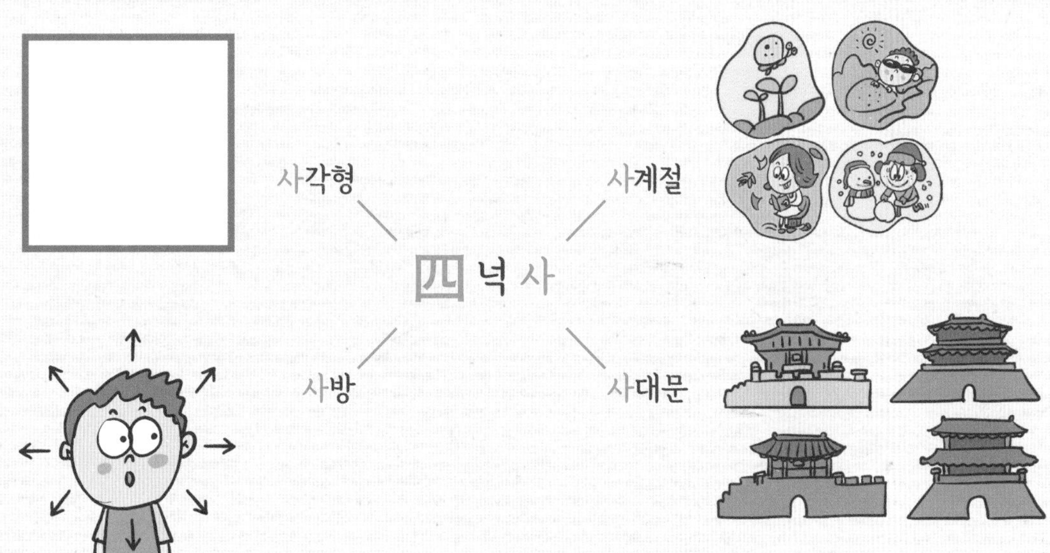

2○○○년 10월 5일 □요일	날씨 : 비구름

	《	미	녀	와		야	수	》		책	을
보	고		야	수	가		뭔	지		궁	금
했	다	.	선	생	님	께		여	쭈	었	더
니		사	나	운		짐	승	이	라	고	
하	셨	다	.	제	목	이		흥	미	롭	다.

미녀 美 아름다울 미 女 여자 녀(여)

- **뜻** 얼굴이 아름다운 여자.

  (예) 〈미녀와 야수〉는 만화 영화로도 볼 수 있다.

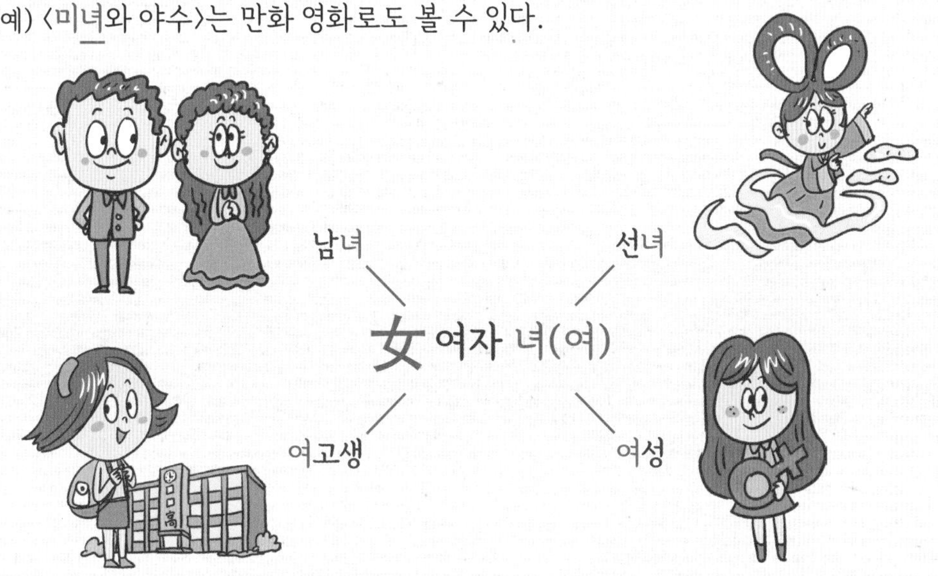

흥미 興 일어날 흥 味 맛 미

- **뜻** 흥을 느끼는 재미.

  (예) 나는 피아노 연주에 흥미를 붙였다.

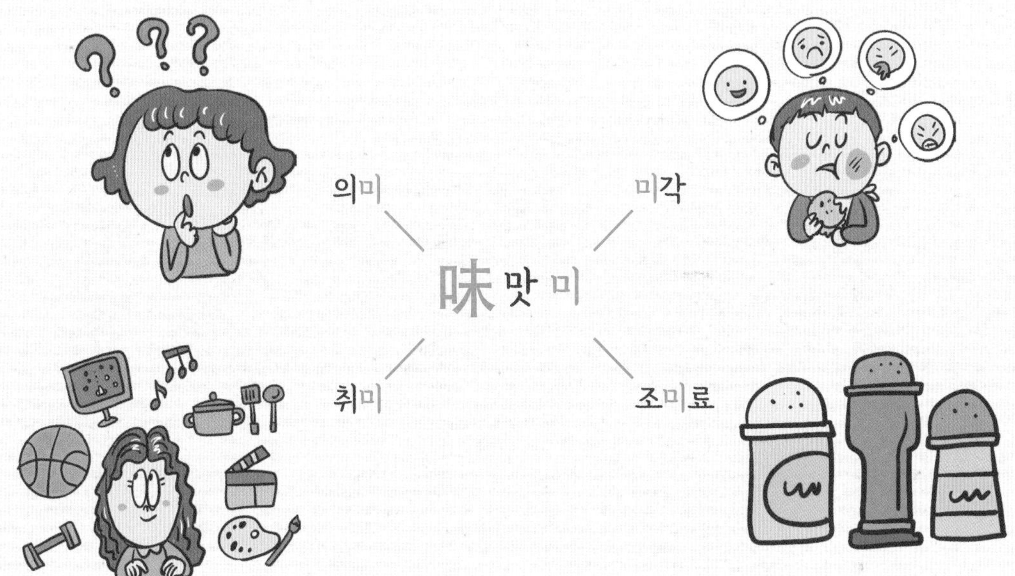

2○○○년 10월 19일 □요일	날씨 : 선선하다

	엄	마	가		외	식	을		하	자	고
했	는	데		아	빠	는		배	달	을	
시	켜	서		먹	자	고		했	다	.	내
의	견	도		물	어	보	셨	는	데		나
는		다		좋	다	고		했	다	.	

외식 外바깥 외 食밥 식/먹을 식

• **뜻** 집에서 직접 해 먹지 아니하고 밖에서 음식을 사 먹음. 또는 그런 식사.

(예) 우리는 외식을 하기로 했다.

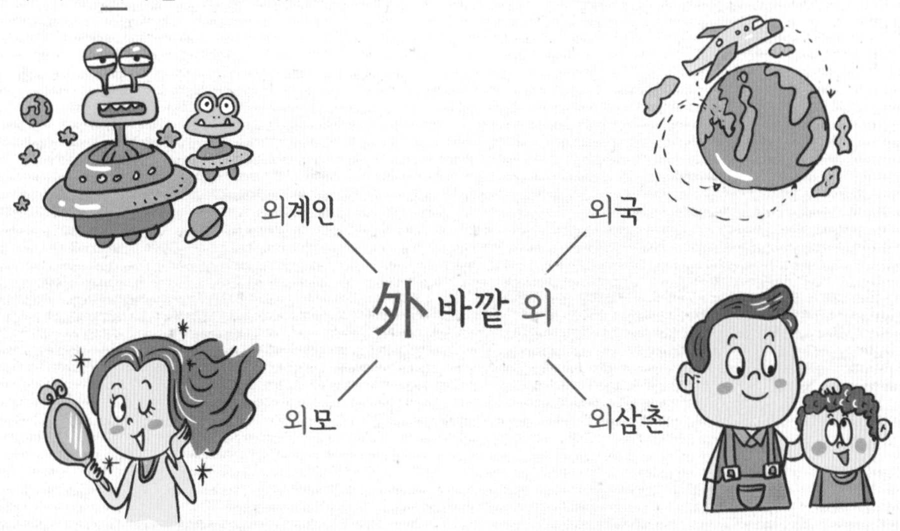

의견 意뜻 의 見볼 견

• **뜻** 어떤 대상에 대하여 가지는 생각.

(예) 부모님 의견에 따랐다.

2○○○년 10월 22일 □요일	날씨 : 뇌우✡

	돼	지		저	금	통	에		있	는	
동	전	을		모	두		꺼	냈	더	니	,
십	오	만		삼	천	오	백		원	이	
되	었	다	.	우	아	!		내	가		이
렇	게		많	이		모	았	다	니	!	

✡ **뇌우(雷** 우레 **뢰(뇌),** 雨 비 **우)** 천둥과 번개를 동반한 비.

저금통 貯 쌓을 저 金 쇠 금 筒 대통 통

• **뜻** 주로 동전을 모아 둘 수 있게 만든 통.

(예) 동전을 저금통에 넣고 흔들어 보았다.

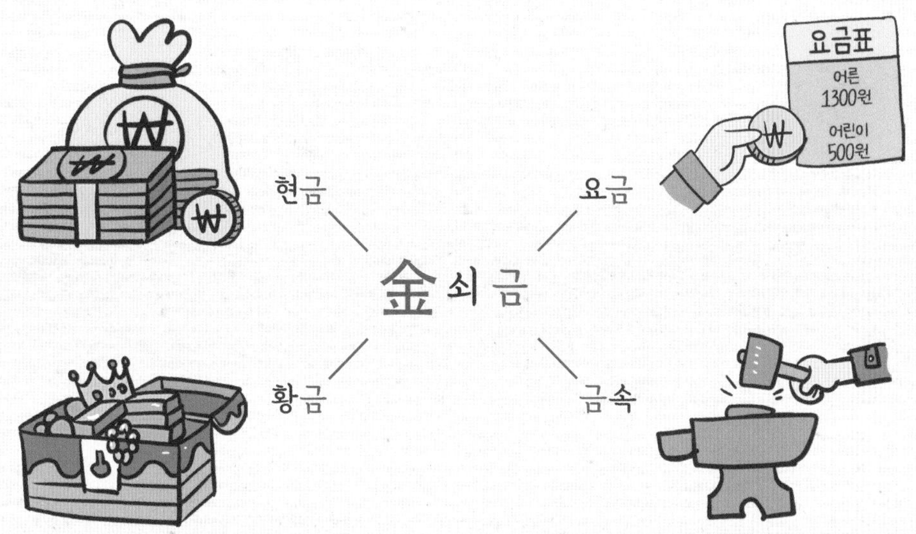

백 百 일백 백

• **뜻** ① 십의 열 배가 되는 수. (예) 그는 백이면 백 모두 승리했다.

② 십의 열 배가 되는 수의. (예) 백 개. 백 년. 백 사람.

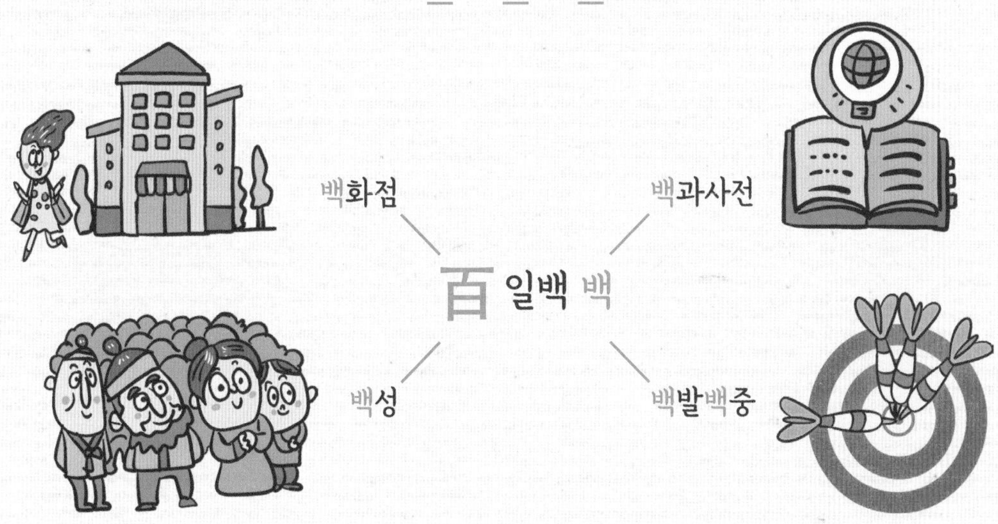

2000년 11월 4일 □요일	날씨 : 맑음

	성	준	이	가		과	자		두		봉
지	를		주	었	다	.	전	부		내	가
먹	으	라	고		했	다	.	“	한		봉
지	는		지	금		같	이		먹	자	.”
라	고		하	니	까		좋	아	했	다	.

봉지 封 봉할 봉 紙 종이 지

• **뜻** 종이나 비닐 따위로 물건을 넣을 수 있게 만든 주머니.

(예) 쓰레기 봉지.

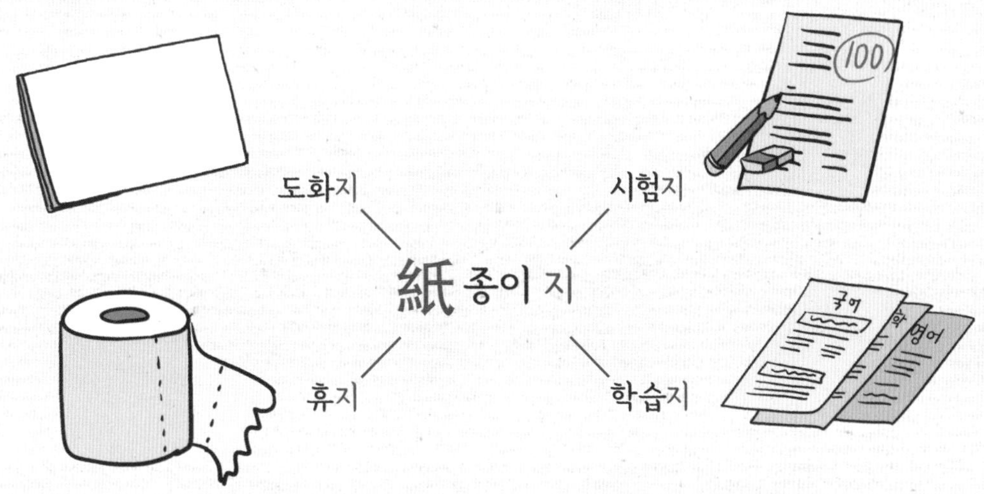

전부 全 온전할 전 部 거느릴 부

• **뜻** ① 어떤 대상을 이루는 낱낱을 모두 합친 것. (예) 숲 전부가 밤나무였다.

② 어느 한 부분이 아니라 전체가 다. (예) 1층은 전부 유리창으로 되어 있었다.

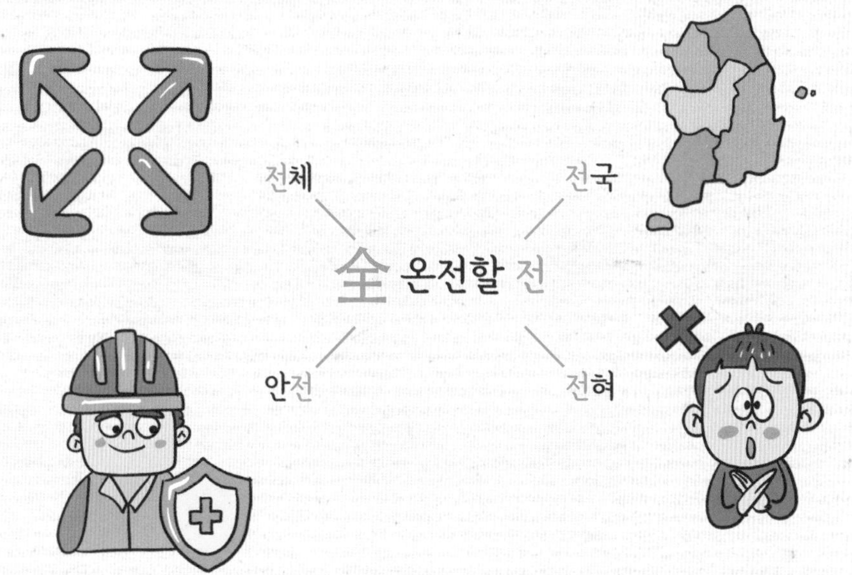

2000년 11월 14일 □요일	날씨 : 비구름

	교	실		바	닥	에		있	던		연
필		주	인	이		누	군	지		몰	라
선	생	님	께		드	렸	다	.	이	름	이
쓰	여		있	었	다	면		내	가		직
접		찾	아		주	었	을		것	이	다.

주인 主 임금 주/주인 주 人 사람 인

• **뜻** 대상이나 물건 따위를 소유한 사람.

(예) 이 우산 주인 없습니까?

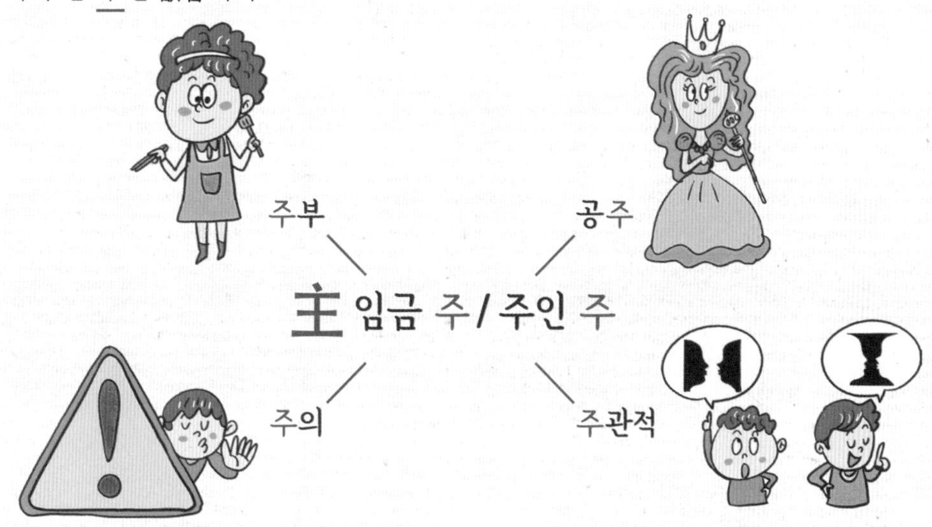

직접 直 곧을 직 接 이을 접

• **뜻** 중간에 아무것도 사이에 끼우지 않고 바로.

(예) 내가 직접 가겠다.

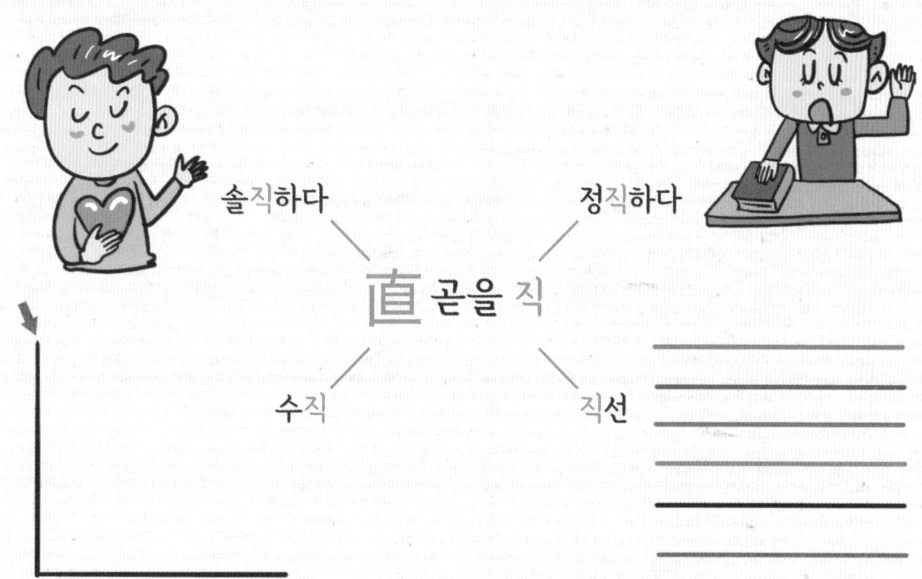

2○○○년 11월 20일 □요일	날씨 : 흔들바람

	아	빠	가		두	부	를		먹	으	라
고		하	셨	다	.	두	부	는		값	도
싸	고		영	양	이		많	은		것	이
장	점	이	라	고		한	다	.	백	색	인
것	도		좋	다	고		하	셨	다	.	

장점 長 길 장/어른 장 點 점 점

• **뜻** 좋거나 잘하거나 긍정적인 점.

(예) 나는 장점이 많다.

백색 白 흰 백 色 빛 색

• **뜻** 눈이나 우유의 빛깔과 같이 밝고 선명한 색.

(예) 백색 바지.

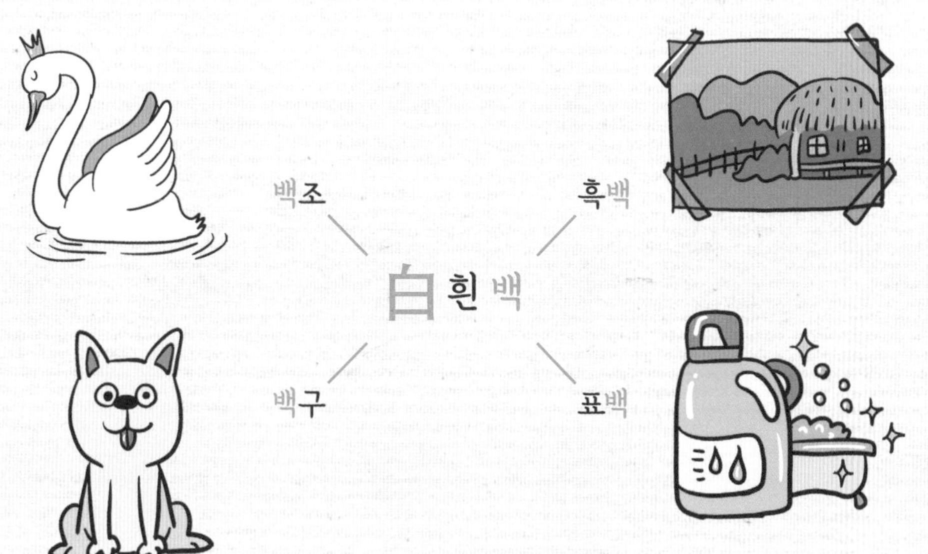

2000년 11월 25일 □요일	날씨 : 서늘하다

	외	삼	촌	은		여	자		친	구	의
눈	이		호	수		같	고		입	은	
앵	두		같	다	고		했	다	.	내	
상	상	력	으	로	는		어	떻	게		생
겼	는	지		모	르	겠	다	.			

친구 親친할 친 舊옛 구

- **뜻** 가깝게 오래 사귄 사람.
  (예) 좋은 친구를 사귀었다.

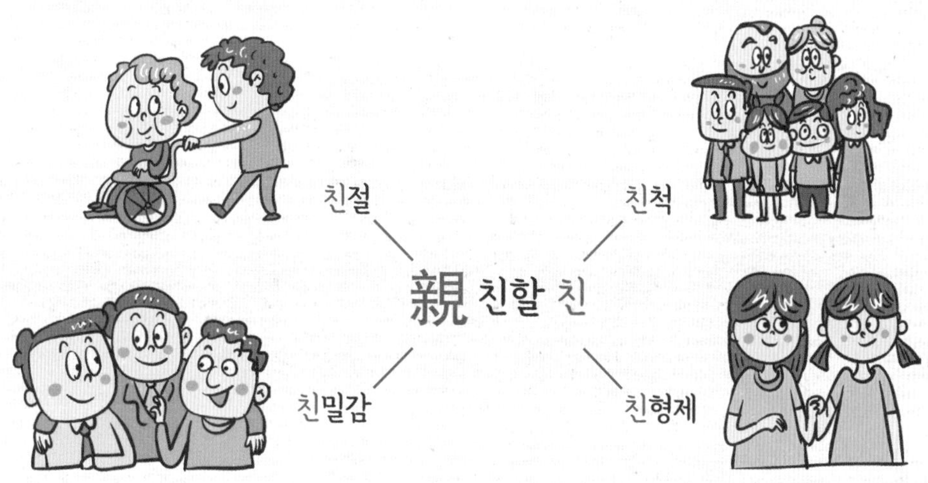

상상력 想생각 상 像모양 상 力힘 력(역)

- **뜻** 실제로 경험하지 않은 현상이나 사물에 대하여 마음속으로 그려 보는 힘.
  (예) 그림책은 상상력을 키우는 데 좋다.

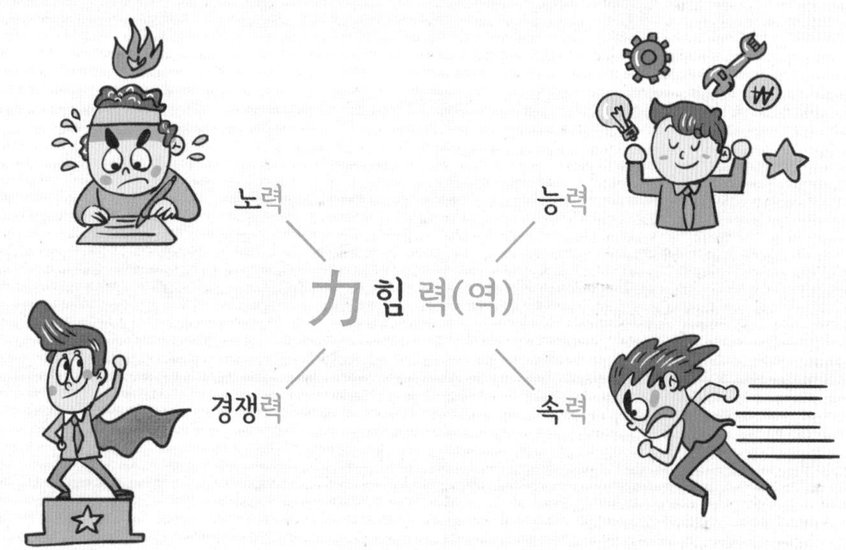

2000년 12월 9일 □요일	날씨 : 맑음

	색	종	이	로		동	서	남	북		종
이	접	기	를		하	며		엄	마	와	
놀	았	다	.	엄	마	가		“	남	쪽	으
로		세		번	.”	이	라	고		외	쳤
는	데		‘	뽀	뽀	’	가		나	왔	다.

색종이 色 빛 색

• **뜻** 여러 가지 색깔로 물들인 종이. 주로 어린이들의 공작용 접기나 오려 붙이기 따위에 쓴다.

(예) 색종이를 오려서 만든 꽃.

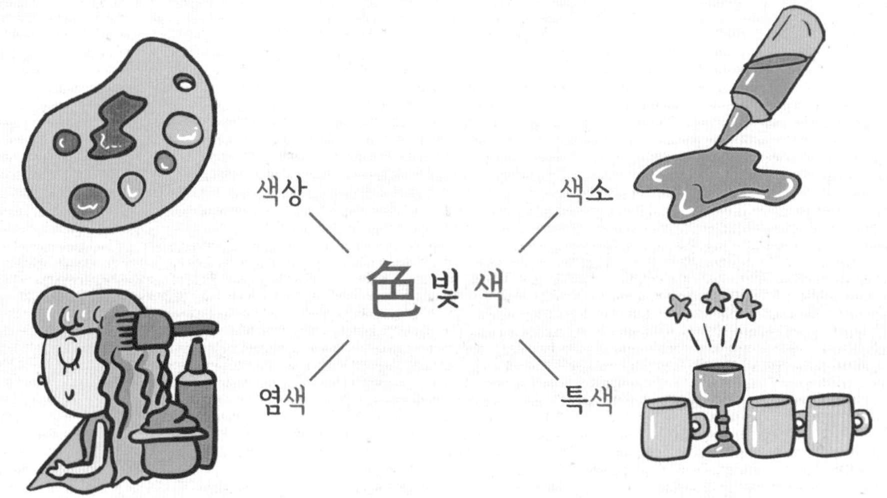

동서남북 東 동녘 동 西 서녘 서 南 남녘 남 北 북녘 북

• **뜻** 동쪽·서쪽·남쪽·북쪽이라는 뜻으로, 모든 방향을 이르는 말.

(예) 동서남북 다 돌아다녔다.

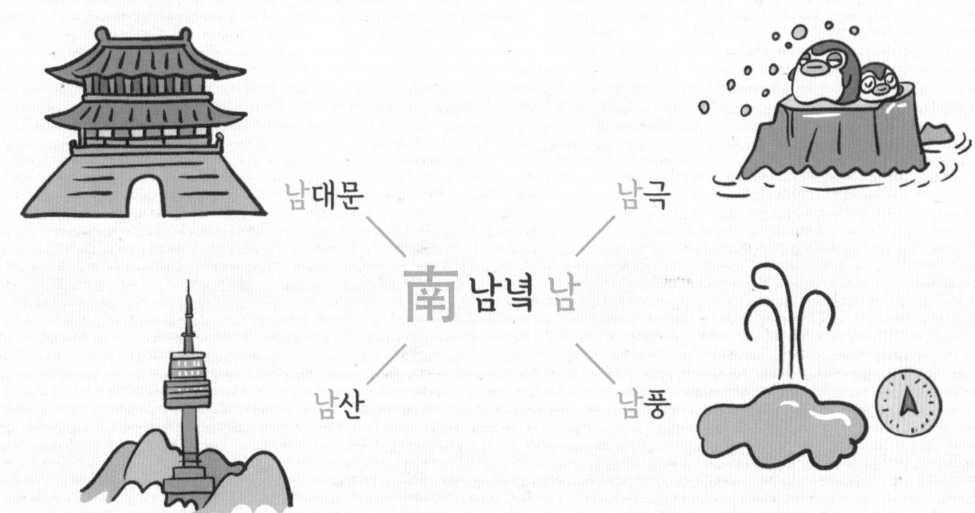

20○○년 12월 12일 □요일	날씨 : 흐림

	학	교	에	서		다	수	결		놀	이
를		했	는	데	,	짜	장	면	은		○
짬	뽕	은		X		문	제	에	서		탈
락	했	다	.	난		X	를		썼	는	데
반	대	로		○	가		많	았	다	.	

다수결 多 많을 다 數 셈 수 決 결정할 결

• **뜻** 회의에서 많은 사람의 의견에 따라 안건의 찬성과 반대를 결정하는 일.

(예) 다수결로 결정합시다.

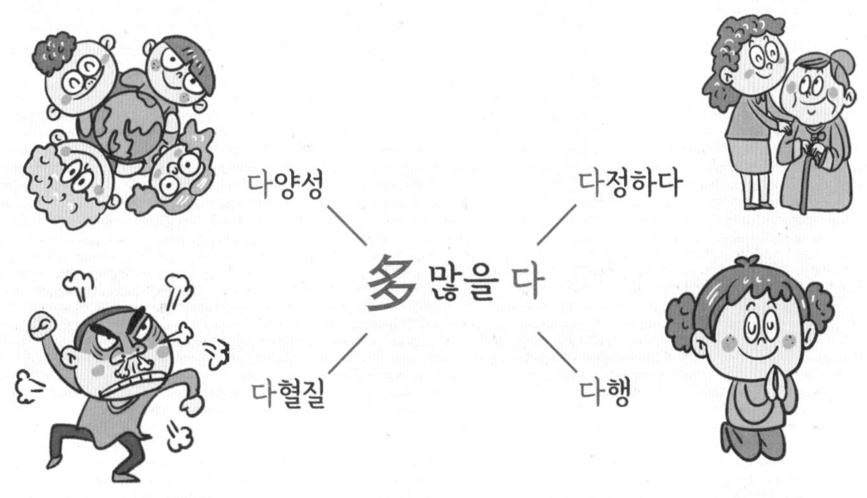

반대 反 돌이킬 반 對 대할 대

• **뜻** ① 두 사물이 모양, 위치, 방향, 순서 따위에서 등지거나 서로 맞섬. 또는 그런 상태. (예) 반대 방향.

② 어떤 행동이나 견해, 제안 따위에 따르지 아니하고 맞서 거스름. (예) 반대 의견.

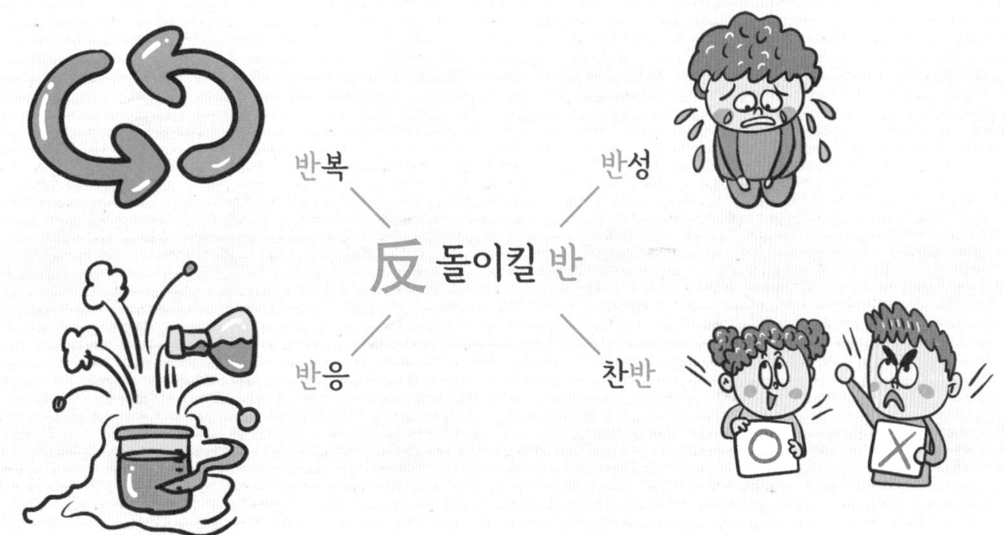

2○○○년 12월 13일 □요일	날씨 : 강풍✡

	저	녁	쯤		남	산	에		올	라	갔
다	.	빨	갛	게		저	녁	노	을	이	
물	들	더	니		밤	에	는		불	빛	이
보	석	처	럼		반	짝	거	렸	다	.	가
족	사	진	도		많	이		찍	었	다	.

✡ **강풍**(強 강할 **강**, 風 바람 **풍**) 세게 부는 바람.

보석 寶 보배 보 石 돌 석

- **뜻** 아주 단단하고 빛깔과 광택이 아름다우며 희귀한 광물.

  (예) 보석이 박힌 왕관.

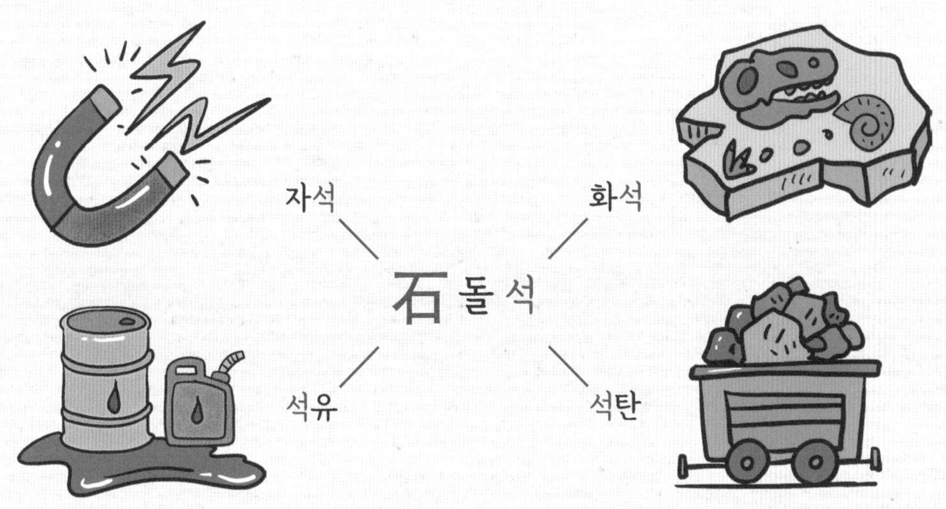

가족 家 집 가 族 겨레 족

- **뜻** 주로 부부를 중심으로 한, 친족 관계에 있는 사람들의 집단. 또는 그 구성원. 혼인, 혈연, 입양 등으로 이루어진다.

  (예) 기념으로 가족 여행을 떠났다.

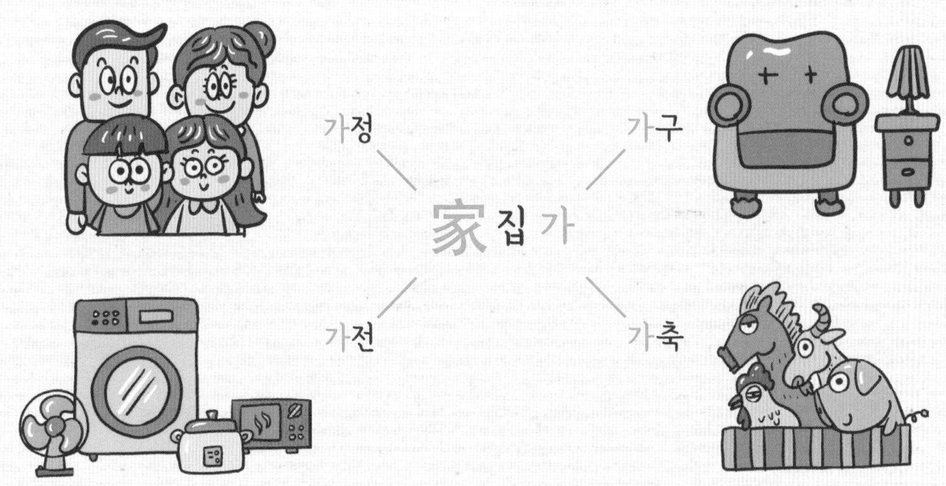

2000년 12월 19일 □요일	날씨 : 맑음

《	양	치	기		소	년	》	을		읽	고
정	직	하	지		않	으	면		혼	난	다
는		것	을		알	았	다	.	그	런	데
소	년	이		양	을		지	키	는		것
도		힘	들	었	을		것		같	았	다.

소년 少 적을 소 / 젊을 소 年 해 년(연)

• **뜻** 아직 완전히 성숙하지 아니한 어린 사내아이.

(예) 소년은 우두커니 서 있었다.

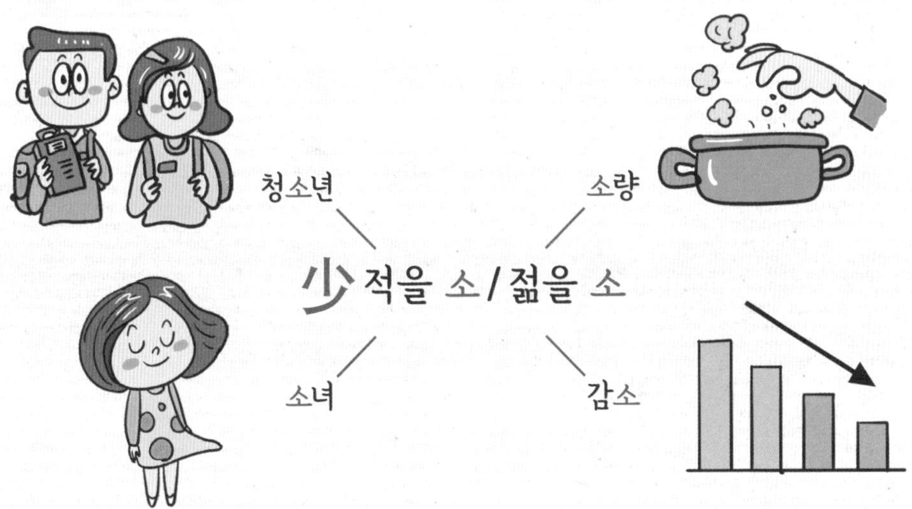

정직 正 바를 정 直 곧을 직

• **뜻** 마음에 거짓이나 꾸밈이 없이 바르고 곧음.

(예) 정직한 사람.

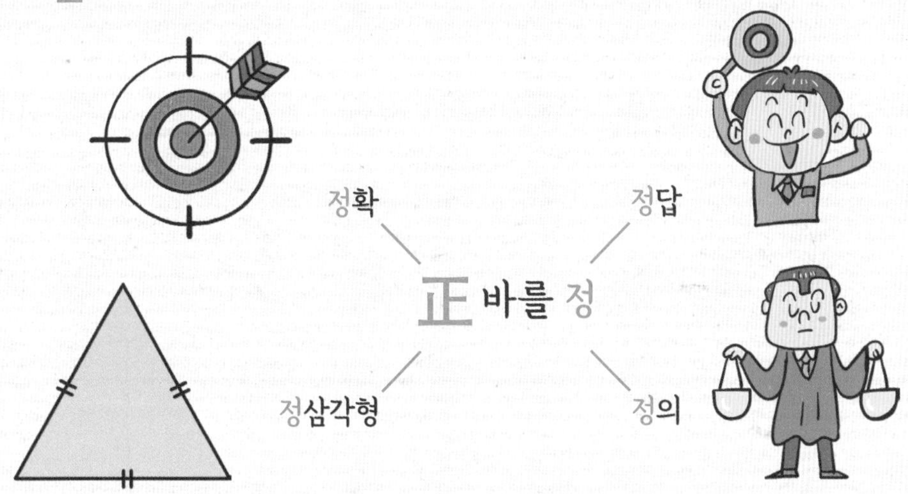

2○○○년 12월 25일 □요일	날씨 : 함박눈

	새		내	복	은		별	자	리	,	로
켓	,	우	주	선	이		그	려	진		청
색		내	복	이	다	.	내	복	을		입
고		나	가	서		돌	아	다	니	고	
싶	지	만		안		되	겠	지	?		

내복 內안 내 服옷 복

• **뜻** 겉옷의 안쪽에 몸에 직접 닿게 입는 옷.

(예) 겨울 내복.

청색 靑푸를 청 色빛 색

• **뜻** 맑은 가을 하늘과 같이 밝고 선명한 푸른색.

(예) 하늘이 청색을 띤다.

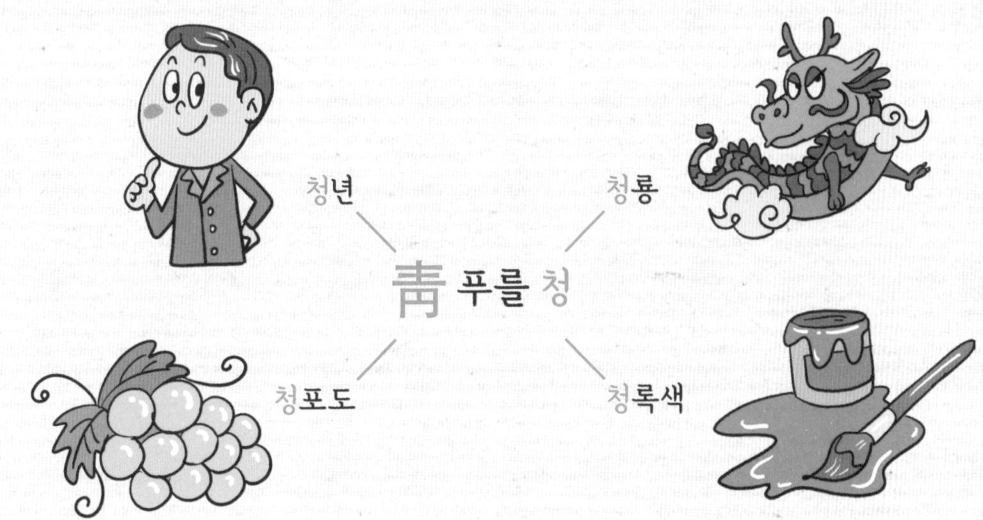

2000년 12월 28일 □요일	날씨 : 푹하다

	내	가		제	일		좋	아	하	는	
음	식	은		김	치	찌	개	이	다	.	국
물	에		밥	을		말	아		먹	어	도
참		맛	있	다	.	돼	지	고	기		말
고		참	치	를		넣	어	도		된	다.

제일 第차례 제 一한 일

• **뜻** ① 여럿 가운데서 첫째가는 것. (예) 제일 큰 언니.

② 여럿 가운데 가장. (예) 사과를 제일 좋아한다.

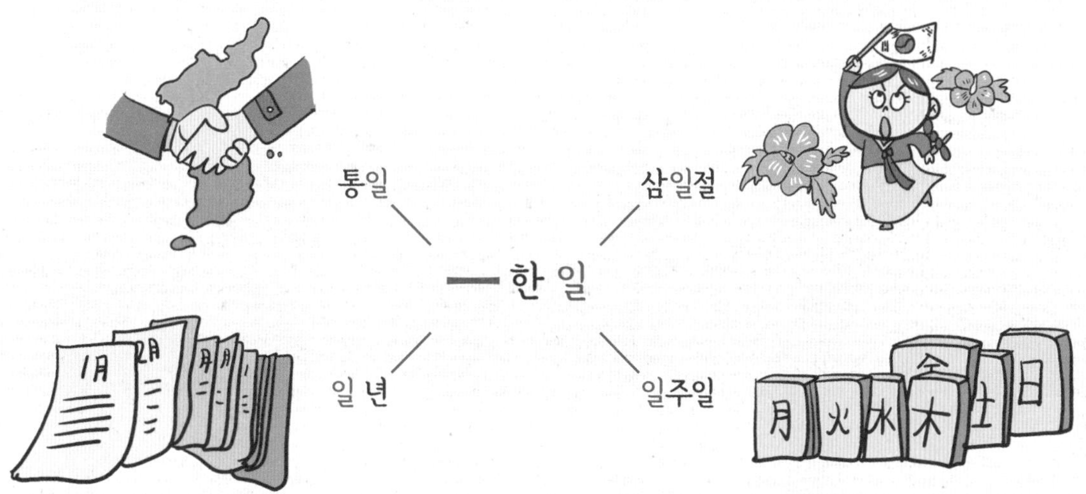

음식 飮마실 음 食밥 식/먹을 식

• **뜻** 사람이 먹을 수 있도록 만든, 밥이나 국 따위의 물건.

(예) 음식 구경을 못 했다.

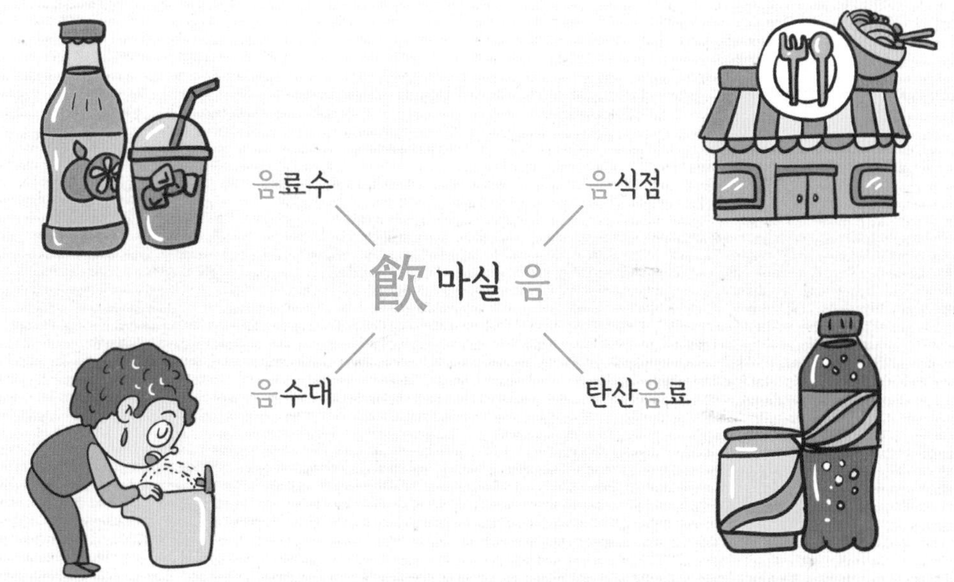

20○○년 1월 5일 □요일	날씨 : 싸라기눈

	좋	은		일	이		있	을		때	
나	는		‘	만	세	’	를		부	르	고,
초	코	는		꼬	리	를		흔	들	고	,
아	빠	는		박	수	를		치	고	,	엄
마	는		까	르	르		웃	는	다	.	

만세 萬일만 만 歲해 세

• **뜻** 바람이나 경축, 환호의 느낌으로 외치는 말.
(예) 대한민국 만세!

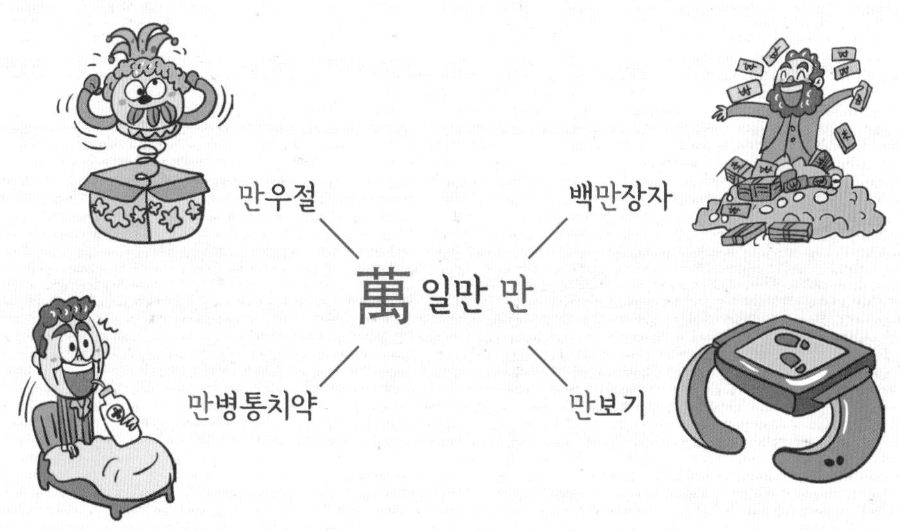

박수 拍칠 박 手손 수

• **뜻** 기쁨, 찬성, 환영을 나타내거나 장단을 맞추려고 두 손뼉을 마주침.
(예) 그 사람에게 박수가 쏟아졌다.

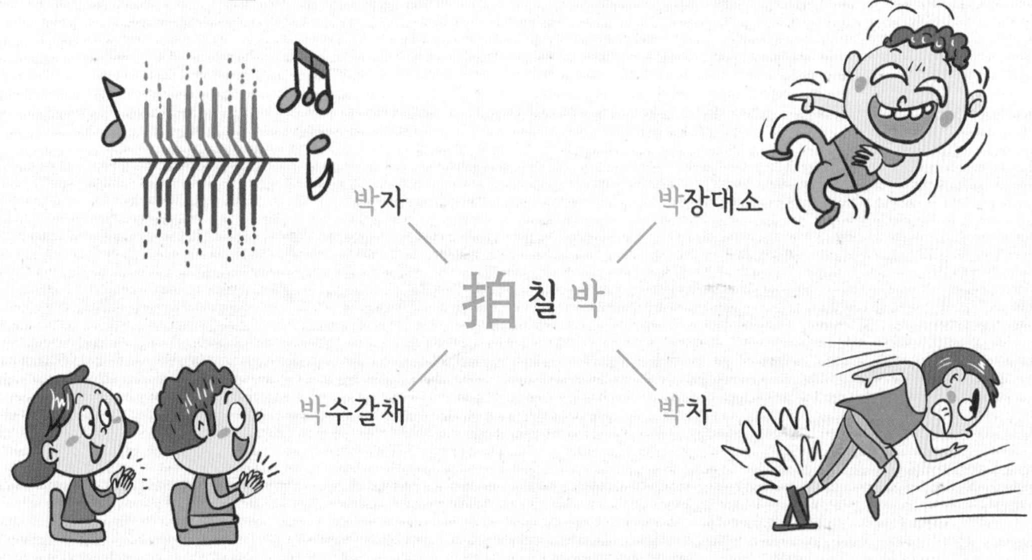

2○○○년 1월 11일 □요일	날씨 : 동장군✡

	태	권	도		승	급		심	사	에	
합	격	해	서		검	은		띠	를		받
았	다	.	엄	마	가		잘	했	다	고	
내	일	은		피	자	를		사		주	신
다	고		했	다	.	신	난	다	!		

✡ **동장군**(冬 겨울 **동**, 將 장수 **장**, 軍 군사 **군**) '겨울 장군'이라는 뜻으로, 혹독한 겨울 추위를 비유적으로 이르는 말.

합격 合 합할 합 格 격식 격

• **뜻** 시험, 검사, 심사 따위에서 일정한 조건을 갖추어 어떠한 자격이나 지위 따위를 얻음.

(예) 대학에 합격했다.

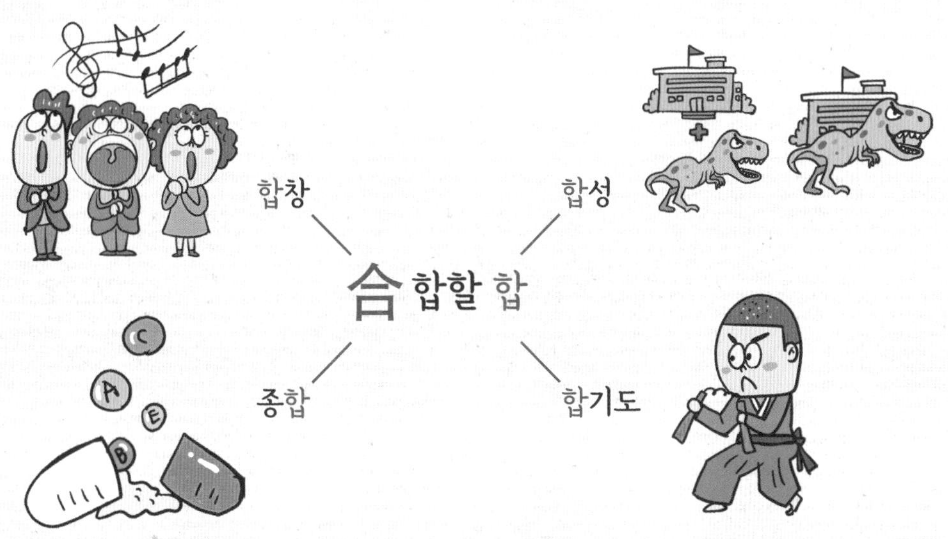

내일 來 올 래(내) 日 날 일

• **뜻** 오늘의 바로 다음 날.

(예) 내일부터 시작한다.

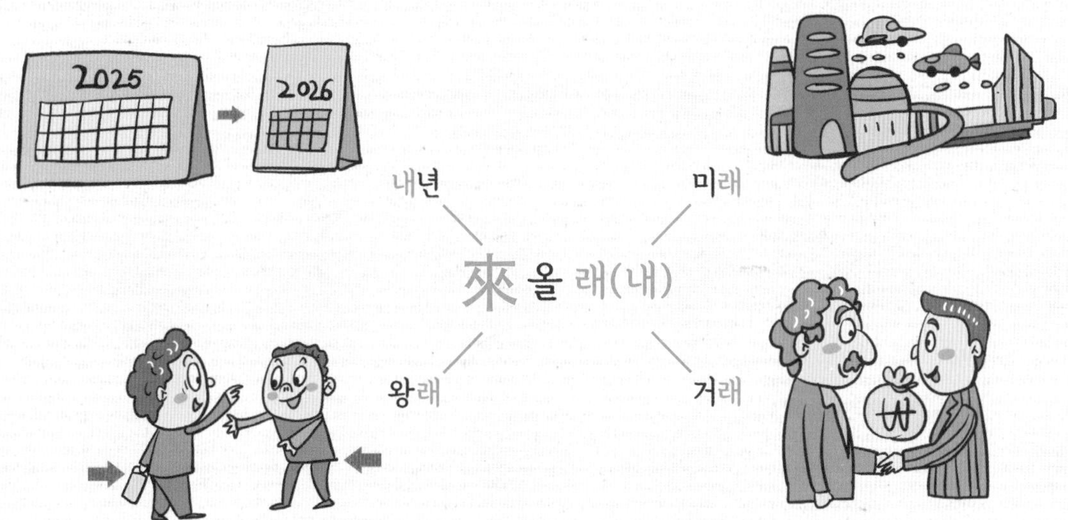

2000년 1월 27일 □요일	날씨 : 맑음

	오	늘	은		바	빴	다	.	오	전	에
미	술		학	원	에		갔	고	,	오	후
에	는		할	아	버	지		댁	에		가
서		잡	채	랑		케	이	크	를		먹
었	다	.	저	녁	에	는		쉬	었	다	.

학원 學배울 학 院집 원

• **뜻** 학교 설치 기준의 여러 조건을 갖추지 아니한 사립 교육 기관.

(예) 취미로 요리 학원에 다닌다.

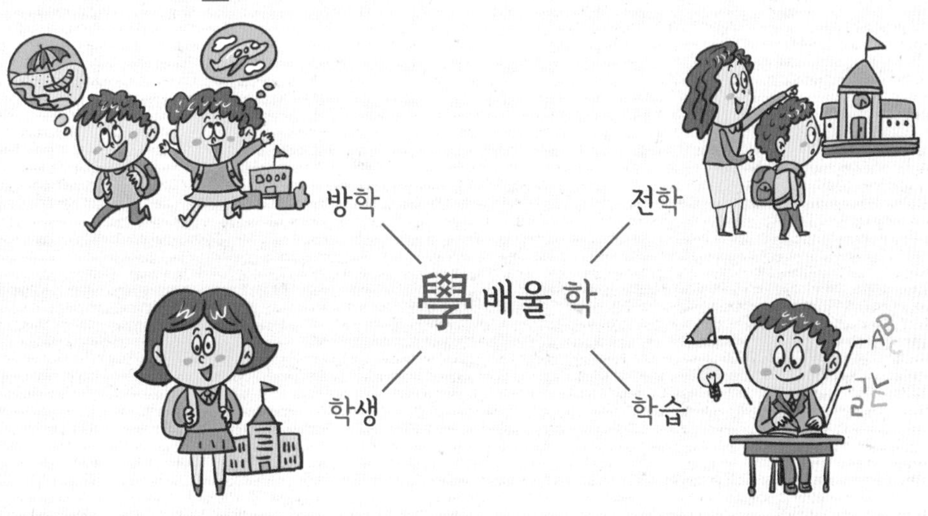

오후 午낮 오 後뒤 후

• **뜻** ① 낮 열두 시부터 밤 열두 시까지의 시간. (예) 오후 다섯 시.

② 낮 열두 시부터 해가 질 때까지의 동안. (예) 오후가 되면서 비가 내렸다.

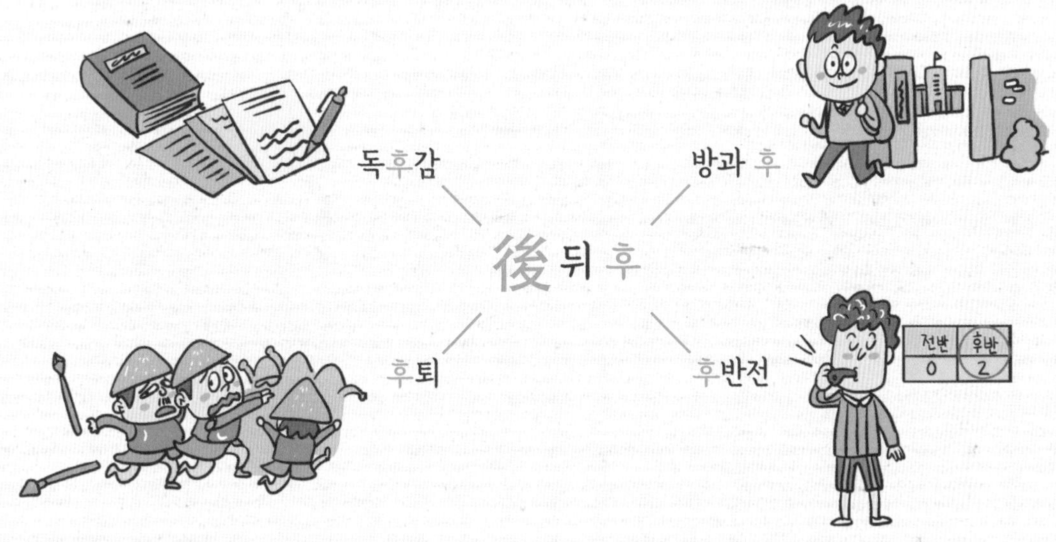

2○○○년 2월 2일 □요일	날씨 : 한파✡

과학관에 가려고 지하철을 탔다. 안내 방송이 나오는데 영어, 중국어, 일본어도 나왔다. 무슨 말인지는 모르겠다.

✡ **한파(寒 찰 한, 波 물결 파)** 겨울철에 기온이 갑자기 내려가는 현상.

지하철 地땅 지 下아래 하 鐵쇠 철

• **뜻** 지하 철도 위를 달리는 전동차.

(예) 지금은 지하철을 이용하는 것이 좋겠다.

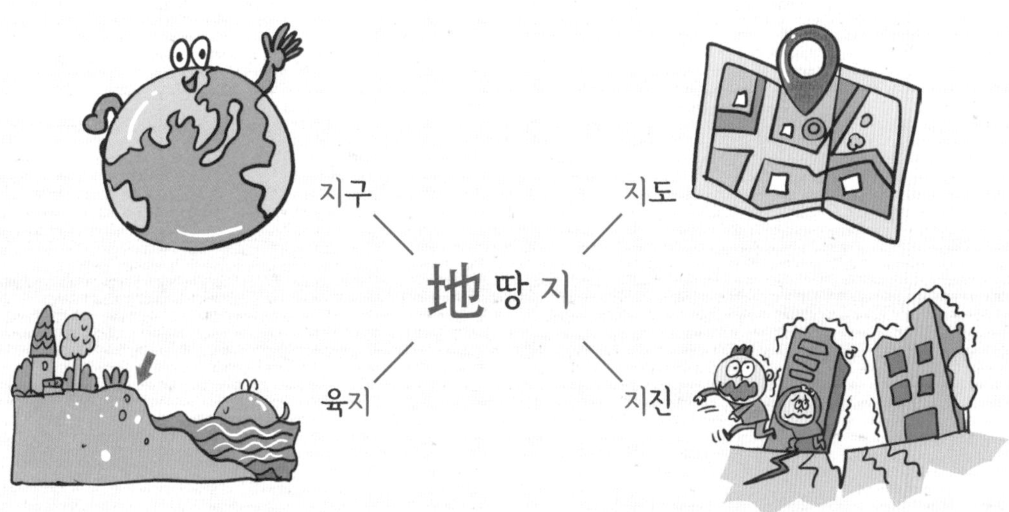

안내 案책상 안 內안 내

• **뜻** 어떤 내용을 소개하여 알려 줌. 또는 그런 일.

(예) 상품 안내.

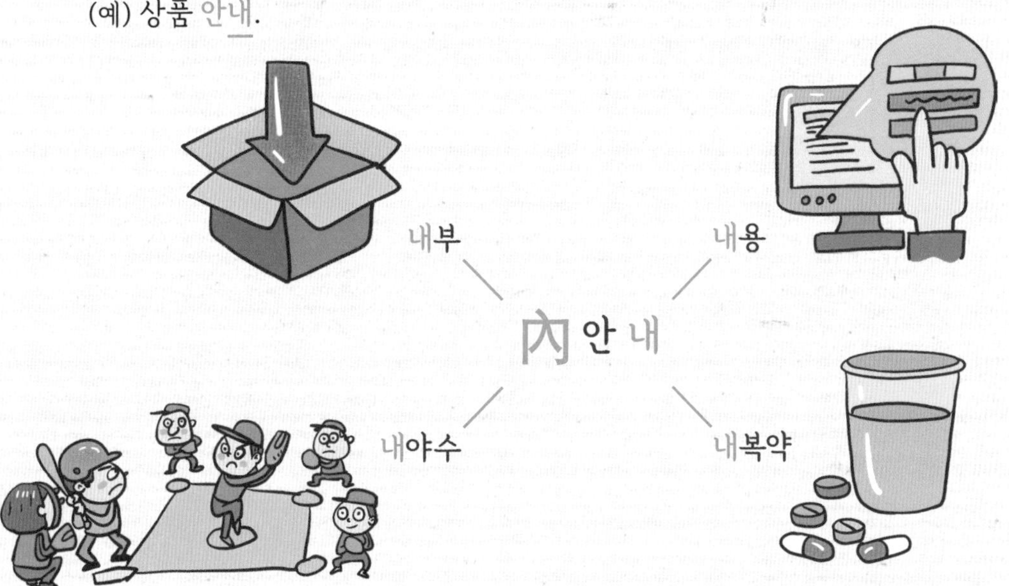

찾아보기

• 한자의 음을 가나다순으로 실었으며 아래 숫자는 해당 한자가 있는 쪽수입니다.